"一起成长"家庭阅读系列

教养子女必备·启蒙宝鉴

上

夏家善　编著

南开大学出版社
天　津

图书在版编目(CIP)数据

教养子女必备：启蒙宝鉴：全三册 / 夏家善编著.—天津：南开大学出版社，2017.7
("一起成长"家庭阅读系列)
ISBN 978-7-310-05386-5

Ⅰ.①教… Ⅱ.①夏… Ⅲ.①古汉语－启蒙读物 Ⅳ.①H194.1

中国版本图书馆 CIP 数据核字(2017)第 124117 号

版权所有　侵权必究

南开大学出版社出版发行
出版人：刘立松
地址：天津市南开区卫津路 94 号　　邮政编码：300071
营销部电话：(022)23508339　23500755
营销部传真：(022)23508542　邮购部电话：(022)23502200

*

三河市同力彩印有限公司印刷
全国各地新华书店经销

*

2017 年 7 月第 1 版　　2017 年 7 月第 1 次印刷
185×108 毫米　32 开本　24 印张　6 插页　262 千字
定价：75.00 元

如遇图书印装质量问题，请与本社营销部联系调换，电话：(022)23507125

出版说明

在传承和弘扬中华优秀传统文化和家风精神的时代背景下,本着家长与孩子共读经典、共同成长的理念,我们策划了这套"'一起成长'家庭阅读系列"丛书。本丛书包括《为人父母必读·传家宝鉴》和《教养子女必备·启蒙宝鉴》两种,每种含三个分册,分别甄选中国历代家训和蒙学读本中具有传承价值又切合当今需要的内容,分类编排,辅以必要的注释,方便家长陪孩子诵读,为孩子讲解,与孩子共度愉快的亲子时光。

本套丛书的编者夏家善先生,长期研治中国文学,熟悉古代文化典籍,特别属意于古代家训和蒙学读本的搜集、整理与研究。编者以"去粗取精,点面结合"的方式,在浩繁的典籍中精选出五百余则家训格言和六百余则启蒙要语,为读者呈现出中国传统文化教育的精髓,旨在丰富青少年的国学知识,提高青少年的道德素养,亦使为人父母者能找到根植于我国文化土壤的治家之道和教子之法。

丛书涉及的每部经典均有各自的特色和侧重,而其中的每个片段亦有相对的独立性。为方便阅读,每则原文均独立成页,与相应的注释同页或跨页对照。读者可以日诵一则,日有所悟;亦可依类查阅,释疑解惑。

另外,为呈现典籍原貌,除改正其中明显的讹误外,丛书原文部分的异体字、异形词一律遵从原典籍的行文用字,未做更动。

希望广大读者朋友能在阅读丛书的过程中有所收获,有所借鉴,并对编辑中的不足和疏漏不吝指正。

南开大学出版社
2017 年 6 月

前　言

在中华传统文化的宝库中,蒙学读本是比较引人注目的一个部分。千百年来,它对普及文化知识,加强道德教育,发挥过积极的作用。在中华民族数千年的历史长河中,产生了许许多多的蒙学读本,流传至今的,为数也不少。为了弘扬中华优秀传统文化,给当今广大青少年提供丰富自己国学素养和道德修养的教材,给广大家长教育子女提供更为直接的借鉴,我们经过反复比较,从众多蒙学读本中,选出一些久传不衰、影响深远的读本,撷取其中的精彩片段,包括精言要语、格言警句、成语典故、百科知识等,编辑成集,名为《教养子女必备·启蒙宝鉴》。

本书共选出蒙学读本的精彩片段658

则。这些片段大都是原蒙学读本中的精华部分,大体按照原书章节的自然顺序进行排列。为了便于读者了解所选蒙学读本的全貌,我们在每一种蒙学读本所选片段之前写有简介文字,主要介绍原读本的大致内容、成书情况等。

在编排上,我们将影响较大、流传较广、人们耳熟能详的著作,如《三字经》《千字文》《弟子规》《神童诗》等,排在了前面,其余依次排列其后,没有按照成书时间的先后顺序进行排列。对一些内容相近或形式相似的作品,如《小儿语》《续小儿语》《小儿语补》《老学究语》《家常语》,以及《女小儿语》《闺训千字文》《女儿经》等,也都尽量排在了一起。

为了适合广大青少年读者及一般家长阅读,我们对所选的片段进行了较为详细的注释,力求使读者读了注释就能读懂原文。注释努力做到文字精练、通俗易懂。

收入本书的蒙学读本片段,虽然努力

选择精华,但也难以将其中的糟粕剔除净尽。因为这些蒙学读本毕竟产生于传统社会,较深地打上当时社会的各种烙印,是必然的。对于少量难以剔除的糟粕,我们在注释时一般都做了必要的说明。

本书在编写过程中,适当参考了前人和当代学者的研究成果,恕不一一注明;南开大学图书馆王宗志教授,对本书的编写也多有指导和帮助,谨此一并深深致谢!

在本书的出版过程中,南开大学出版社的领导及编辑室的各位同志,给予了热情支持和大力襄助。对于他们付出的辛劳,特致深深谢意!

限于编者的学力和见解,本书难免会有不当之处,恳请方家、读者批评指正。

夏家善
2016 年秋

上册目录

三字经 …………………〔宋〕王应麟 1

演三字经 …………………〔清〕刘曾騄 21

千字文 …………〔南北朝〕周兴嗣 33

弟子规 …………………〔清〕李毓秀 47

神童诗 ……………………〔宋〕汪　洙 81

小儿语 …………………〔明〕吕得胜 95

续小儿语 ………………〔明〕吕　坤 109

小儿语补 ………………〔清〕天谷老人 123

老学究语 ………………〔清〕李　惺 133

家常语 …………………〔清〕管　涝 157

女小儿语 ………………〔明〕吕得胜 171

闺训千字文 …………… 佚　名　179

女儿经 …………… 〔明〕佚　名　189

名贤集 …………… 佚　名　197

增广贤文 …………… 〔明〕佚　名　221

三字经

(宋)王应麟

《三字经》是我国宋代以来民间流传甚广、影响最大的儿童启蒙读物。它篇幅不长,仅仅一千多字,却包含了极其丰富的内容:既涉及教育和学习的重要性,又涉及父子、兄弟、夫妇、师友、君臣等人伦道德规范,还运用古人奋发读书的事迹,勉励儿童立志向上,等等。作品采用韵文写成,言简意赅,读来上口,节奏感强,便于记忆。《三字经》的作者是宋朝的王应麟,他长于经史考据,熟悉天文地理、掌故制度,官至礼部尚书兼给事中。《三字经》中虽有关于元明清三代历史的简述,但那是后人增益附会的结果。

《三字经》已被联合国教科文组织列入世界儿童道德教育丛书。

人之初[1],性本善[2],
性相近,习相远[3]。
苟不教[4],性乃迁[5],
教之道,贵以专[6]。

注　释

[1] 初:初始。指人刚刚生下来的时候。

[2] 性:人的本性。　善:善良。

[3] 性相近,习相远:习,习染,这里指世俗流行的习气的熏陶、感染。这两句是说,(人刚生下)善的本性彼此都很接近,只是由于后天不同生活环境的影响,差别就越来越大了。

[4] 苟:假如,如果。

[5] 乃:就。　迁:改变,变化。

[6] 教之道,贵以专:道,方法;贵,重视;专,专一,始终不懈。这两句是说,进行教育的根本方法,贵在始终如一。

养不教[1],父之过[2],
教不严[3],师之惰[4]。

注 释

[1] 养:生育,抚养。 教:教育。

[2] 过:过错。

[3] 严:严格。

[4] 师:老师。 惰:懒惰。这里指责任心不强。

子不学，非所宜[1]，
幼不学，老何为[2]。

注　释

[1] 子不学，非所宜：子，孩子；宜，应该。这两句是说，孩子不愿专心学习，确实太不应该。

[2] 幼不学，老何为(wéi)：何为，干什么，做什么。这两句是说，小时候不肯用功学习，等到老了还能有什么成就呢？

玉不琢[1]，不成器[2]，
人不学，不知义[3]。

注 释

[1] 玉：指玉石。　琢：雕刻加工玉器。

[2] 不成器：器，器皿，器物。不成器，不能变成有用的器物。

[3] 人不学，不知义：义，道理。这两句是说，人不通过学习，就不会明白事物的道理。

为人子[1],方少时[2],
亲师友[3],习礼仪[4]。

注 释

[1] 为(wéi):做,作为。 人子:指子女。

[2] 方:正当,正在。 少时:年纪小的时候。

[3] 亲:亲近,接近。 师友:师长和朋友。

[4] 习:学习。 礼仪:礼节和仪式。

曰仁义[1],礼智信[2],
　此五常[3],不容紊[4]。

注　释

[1] 仁:仁爱。　　义:应当遵守的道义。

[2] 礼:礼节,礼仪。　　智:有智慧,明事理。
　　信:诚实守信。

[3] 此:这。　　五常:指仁、义、礼、智、信五
　　种道德准则。

[4] 不容:不允许。　　紊:紊乱,改变。

曰喜怒[1]，曰哀惧[2]，
爱恶欲[3]，七情具[4]。

注　释

[1] 喜：高兴。　怒：愤怒。

[2] 哀：悲哀。　惧：恐惧。

[3] 爱：喜爱。　恶(wù)：憎恶。　欲：欲望。

[4] 七情：人的七种感情或情绪，即喜、怒、哀、惧、爱、恶、欲。　具：具有，具备。

夏传子[1],家天下[2],
四百载[3],迁夏社[4]。

注 释

[1] 夏传子:夏,指夏代的帝王大禹;子,指禹的儿子启。这句是说,夏禹开始将王位传给儿子启,结束了禅让制。

[2] 家天下:天下从此由选贤继位变成为一个家族所有。

[3] 四百载:从夏禹开始建立夏代到夏代灭亡,共计四百三十多年。

[4] 迁夏社:迁,迁移,改变,这里指王朝覆灭;夏,指夏代;社,社稷,指国家政权。这句是说,从而结束了夏代的统治。

读史者[1]**,考实录**[2]**,**
通古今,若亲目[3]**。**

注 释

[1] 读史者:研读史书的人。

[2] 考:查核考证。 实录:符合实际的记载。中国封建时期编年史的一种,专记某一皇帝统治时期的大事。最早起于南朝时期的梁朝。

[3] 通古今,若亲目:通,通晓;若,像,如同;亲目,亲眼所见。这两句是说,通晓古往今来的历史,就像自己亲眼所见一样。

昔仲尼[1],师项橐[2],
古圣贤[3],尚勤学[4]。

注 释

[1] 昔:往昔,从前。 仲尼:即孔子,名丘,字仲尼,春秋时鲁昌平乡陬邑(今山东曲阜东南)人。著名思想家、教育家。其所创儒学对后世影响极大。被尊为"至圣先师"。

[2] 师项橐(tuó):以项橐为师。项橐,生平不详。传说七岁时曾为孔子老师。

[3] 圣贤:圣人和贤人的合称。亦泛指道德才智杰出者。

[4] 尚:崇尚。

披蒲编[1],削竹简[2],
彼无书,且知勉[3]。

注　释

[1] 披蒲编:披,劈分(蒲草)。西汉人路温舒家贫,在水泽边放羊时劈分蒲草作简,抄书苦读。

[2] 削竹简:西汉人公孙弘幼贫,在竹林中放猪时削青竹成片,抄书夜读。

[3] 彼无书,且知勉:彼,他们,指路温舒和公孙弘;且,尚且;勉,勤勉,刻苦。这两句是说,他们虽然家贫买不起书,尚且不忘抄书苦读。

头悬梁[1],锥刺股[2],
彼不教,自勤苦[3]。

注 释

[1] 头悬梁:汉朝人孙敬勤奋读书,夜间阅读时,为避免瞌睡,把头发拴在房梁上。

[2] 锥刺股:战国人苏秦读书每到困倦时,就用锥子刺大腿来使自己清醒。股,大腿。

[3] 彼不教,自勤苦:不教,不用别人督促。这两句是说,他们不用别人督促,自己就知道勤奋苦读。

如囊萤[1]，如映雪[2]，
家虽贫，学不辍[3]。

注 释

[1] 囊萤：东晋车胤家贫无灯，夏夜捉来许多萤火虫放在囊中取光读书。

[2] 映雪：东晋孙康家贫无钱买油点灯，冬夜借助积雪的反光读书。

[3] 家虽贫，学不辍：辍，停止，中断。这两句是说，他们家境尽管贫困，但在艰苦条件下依然不中断学习。

如负薪[1],如挂角[2],
　身虽劳,犹苦卓[3]。

注　释

[1] 负薪:汉朝人朱买臣靠砍柴为生,挑柴时将书放在柴草担子上边走边读。

[2] 挂角:隋朝人李密给人家放牛,把书本挂在牛角上,一边放牛一边读书。

[3] 身虽劳,犹苦卓:劳,劳累;苦卓,刻苦自强。这两句是说,他们的身体虽然劳累,却依旧能够在辛劳中发奋苦读。

苏老泉[1]，二十七，
始发愤，读书籍。
彼既老，犹悔迟[2]，
尔小生[3]，宜早思[4]。

注 释

[1] 苏老泉：苏洵，号老泉，宋代著名文学家。二十七岁才发愤读书，最终成为唐宋八大家之一。

[2] 彼既老，犹悔迟：彼，他，指苏洵。苏洵年纪已经很大，还后悔自己读书太晚。

[3] 尔：你，你们。 小生：后生小辈，青少年。

[4] 宜早思：应该及早考虑读书学习的问题。

莹八岁[1],能咏诗[2],

泌七岁[3],能赋棋[4]。

彼颖悟[5],人称奇[6],

尔幼学[7],当效之[8]。

注 释

[1] 莹:指祖莹。北齐人。

[2] 咏诗:用诗来写景、抒情、状物。

[3] 泌:指李泌。唐朝人。

[4] 赋棋:以下棋为题作赋。赋,是一种文体。

[5] 彼:他们。这里指祖莹和李泌。 颖悟:天资聪慧、理解力强。

[6] 称奇:因不同寻常而表示惊奇。

[7] 幼学:初入学的学童。

[8] 效:效仿,作为榜样学习。

蔡文姬[1]，能辨琴，

谢道韫[2]，能咏吟[3]。

彼女子，且聪敏[4]，

尔男子，当自警[5]。

注 释

[1] 蔡文姬：即蔡琰，字文姬。东汉女诗人。蔡邕之女。精通诗赋、音律，能辨别琴声，所作《胡笳十八拍》一时号为绝唱。

[2] 谢道韫：东晋才女，著名女诗人。聪颖多识，才思敏捷，能出口成诗。

[3] 咏吟：这里指作诗。

[4] 聪敏：聪明，反应敏捷。

[5] 尔男子，当自警：你们堂堂男子，更应当自我警醒。

犬守夜[1]，鸡司晨[2]，
苟不学[3]，曷为人[4]？
蚕吐丝[5]，蜂酿蜜[6]，
人不学，不如物[7]。

注　释

[1] 守夜：夜晚守卫看家。

[2] 司晨：指雄鸡报晓。

[3] 苟：如果。

[4] 曷(hé)：怎么。　为(wéi)人：做人。

[5] 蚕：昆虫名。幼虫能吐丝结茧，是丝绸的主要来源。

[6] 蜂：这里指蜜蜂。　酿：酿造。

[7] 不如物：比不上蚕蜂这些小动物。

演三字经

（清）刘曾騄

《演三字经》是清朝光绪年间进士刘曾
骙撰写的一部蒙学读物。这是仿《三字经》
体式一类作品中的一篇。《演三字经》开篇
引用《三字经》的开头,但不像《三字经》那
样内容主要写历史知识和道德说教,它主
要写修身、教数和劝学三方面的内容,也许
这是《演三字经》名称的由来。《演三字经》
属《梦园蒙训》的一部分,名为《梦园蒙训初
编》,一名《伦理学歌》,又名《演三字经》。
《演三字经》凡四卷,依次为修身上、修身
下、教数和劝学。它篇幅比《三字经》长许
多,也同《三字经》一样,三字一句,四句一
节,短而谐韵,便于记诵。

早晨起[1]，勿贪睡[2]，

勤则成[3]，惰则废[4]。

注 释：

[1] 早晨起：是说天明就起床。

[2] 勿贪睡：是说不要贪图睡懒觉。

[3] 勤：尽力多做。　则：就。　成：成功。

[4] 惰：懈怠，懒惰。　废：荒废。

站立时,要稳重[1],

体要端[2],目要正[3]。

气必肃[4],声必静[5],

勿邪视[6],勿侧听[7]。

注　释:

[1] 稳重(zhòng):沉静庄重。

[2] 端:正、直。

[3] 目要正:双眼要平视前方。

[4] 肃:肃静。不喘大气。

[5] 静:心气静。

[6] 邪视:斜着眼睛看。

[7] 侧听:侧转头,用一边的耳朵细听。

行路时,莫匆匆[1],

徐徐步[2],缓缓行[3]。

勿跑跳,失仪容[4],

勿轻狂[5],要老成[6]。

注 释:

[1] 莫(mò):不要。 匆匆:急急忙忙的样子。

[2] 徐徐:迟缓,缓慢。

[3] 缓缓:缓慢的样子。

[4] 仪容:仪表,容貌。

[5] 轻狂:放浪轻浮。

[6] 老成:稳重,持重。

说话时,要安详[1],

务诚实[2],莫慌张[3]。

勿喧哗[4],勿戏笑[5],

勿轻涎[6],勿粗糙[7]。

注 释:

[1] 安详:稳重,从容。

[2] 务:必须,一定。 诚实:真诚老实。

[3] 慌张:心里不沉着,动作忙乱。

[4] 喧哗:声音大而杂乱。

[5] 戏笑:玩笑,嬉笑。

[6] 轻涎:轻易流口水。

[7] 粗糙:说话粗暴鲁莽。

见未真[1],勿轻言[2],

知未的[3],勿轻传[4]。

注 释:

[1] 见未真:所看到的并不真切。

[2] 轻言:轻易地说出去。

[3] 知未的:知道的不确切。

[4] 勿轻传:不要随便地去传播。

惟德学[1]，惟才艺[2]，

不如人[3]，当自励[4]。

注 释：

[1] 惟：只有。 德学：品德与学问。

[2] 才艺：才能与技艺。

[3] 不如人：比不上别人。

[4] 当(dāng)：应该，应当。 自励：自己勉励自己。

过能改[1],归于无[2],

倘掩饰[3],增一辜[4]。

注 释：

[1] 过能改：过，错误，过失。过能改，有了错误就改正。

[2] 归于无：这句的意思是，就等于没有错误。

[3] 倘：倘若，假如。 掩饰：掩盖文饰。

[4] 增一辜：辜，过错。增一辜，增加了新的过错，即错上加错。

己有能[1],勿自私[2],

人有能[3],勿轻訾[4]。

注 释:

[1] 能:才能,能力。

[2] 自私:归个人所独有。

[3] 人有能:别人才能出众。

[4] 勿轻訾(zǐ):訾,诋毁,指责。勿轻訾,不要轻易地诋毁(否定)人家。

恩欲报[1]，怨欲忘[2]，

报怨短[3]，报恩长[4]。

注 释：

[1] 恩:恩情。 欲:须要。

[2] 怨:怨恨。 忘:忘记。

[3] 报怨短:只想着报怨是人的短处。

[4] 报恩长:总想着报恩才是人的长处。

人有短[1],切莫揭[2],

人有私[3],切莫说[4]。

注 释:

[1] 短:缺点,过失。

[2] 切:务必,一定。 揭:揭发,揭露。

[3] 私:隐私。

[4] 切莫说:务必不要说出去。

千字文

(南北朝)周兴嗣

《千字文》是南朝萧梁时期的周兴嗣编写的。周兴嗣,字思纂,南朝陈郡项(今河南项城)人。他善文辞,梁武帝时拜安成王国侍郎,武帝常命他写文章。梁武帝为了教自己的儿子们识字,命人从王羲之书写的碑文中拓下一千个不重复的字,让周兴嗣编次成文。周兴嗣只用了一个晚上,就编好呈给了梁武帝,结果鬓发全白了。这就是已经流传一千四百多年的《千字文》。《千字文》用一千个互不重复的汉字,编纂成一首四字长诗。这首四言长诗条理连贯、叙事有序地吟咏了关于天文、博物、社会、历史、伦理、教育等包罗万象的诸方面知识,而且结构精巧,婉转有致,文采飞扬,协韵流畅,实在令人叹服。这篇《千字文》成为我国历史上综合性蒙学读物的开山之作,一直流传至今。

天地玄黄[1]，

宇宙洪荒[2]。

日月盈昃[3]，

辰宿列张[4]。

注 释

[1] 天地玄黄：玄，赤黑色，天的颜色；黄，灰黄色，地的颜色。这句的意思是，苍天是赤黑色的，大地是灰黄色的。

[2] 宇宙洪荒：洪荒，远古的宇宙一片混沌、蒙昧的状态。这句的意思是，混沌的宇宙辽阔没有边际。

[3] 日月盈昃(zè)：盈，圆满，指圆月；昃，太阳夕斜。这句的意思是，太阳东升西落，月亮圆缺交替。

[4] 辰宿列张：辰宿，星宿，星辰；列张，排列分布。这句的意思是，群星排列分布在太空中。

鸣凤在竹[1],

白驹食场[2]。

化被草木[3],

赖及万方[4]。

注 释

[1] 鸣凤在竹:鸣凤,凤凰,传说中的瑞鸟。这句的意思是,吉祥的凤凰在竹林间欢快地鸣叫。

[2] 白驹食场:出自《诗经·小雅·白驹》,"皎皎白驹,食我场苗"。这句的意思是,皎洁的白驹悠然地在草场觅食。

[3] 化被(bèi)草木:化,化育,这里比喻圣君施布仁政;被,覆盖。这句的意思是,圣君的仁德使草木得到感化。

[4] 赖及万方:赖,依赖。这句的意思是,天下每一个地方都得到了他(指圣君)的恩泽。

女慕贞洁[1],

男效才良[2]。

知过必改[3],

得能莫忘[4]。

注 释

[1] 女慕贞洁:慕,仰慕,向往;贞洁,纯正高洁的贞妇洁女。这句的意思是,女子仰慕内心纯洁的贞妇洁女。

[2] 男效才良:效,效法,仿效;才良,德才兼备的人。这句的意思是,男子效法德才兼备的人。

[3] 知过必改:过,过错,过失。这句的意思是,发现自己错了及时改正。

[4] 得能莫忘:能,才能,技能。这句的意思是,不可荒废掉已有的技能。

景行维贤[1],

克念作圣[2]。

德建名立[3],

形端表正[4]。

注 释

[1] 景行维贤:景行,语出《诗经·小雅·车辖》。指高尚的德行;维,联系;维贤,与贤德相连。这句的意思是,高尚的德行与贤德相连。

[2] 克念作圣:克念,克制私欲。克念作圣,克制私念就能成为圣贤。

[3] 德建名立:德,德行;名,名声。这句的意思是,高尚的德行建立了,名声自然会树立。

[4] 形端表正:端正了自己的举止,仪表自然就端正了。

祸因恶积[1],

福缘善庆[2]。

尺璧非宝[3],

寸阴是竞[4]。

注 释

[1] 祸因恶积:灾祸是由于罪恶积累过多。

[2] 福缘善庆:缘,因为,由于;庆,奖赏。这句是说,福运则是对善行的奖赏。

[3] 尺璧非宝:一尺长的璧玉不是真正的珍宝。

[4] 寸阴是竞:竞,争竞,争逐。这句是说,短暂的时光要努力争取。

资父事君[1],

曰严与敬[2]。

孝当竭力[3],

忠则尽命[4]。

注 释

[1] 资:供养。 事:侍奉。

[2] 严:严肃。 敬:恭敬。

[3] 孝当竭力:竭力,竭尽全力。这句是说,尽孝应该竭尽全力。

[4] 忠则尽命:尽命,舍命报效。这句是说,忠君就应当不惜生命。

临深履薄[1],
夙兴温清[2]。
似兰斯馨[3],
如松之盛[4]。

注 释

[1] 临深履薄:这句是说,像面临深渊,如脚踏薄冰。此指侍奉父母也应如此心存敬畏、小心谨慎。

[2] 夙兴:"夙兴夜寐"的省略。即早起晚睡。此指侍奉双亲勤劳。 温清(qìng):"冬温夏清"的省略。指冬天温被使暖,夏天扇席使凉。是说侍奉父母周到。

[3] 似兰斯馨(xīn):这句的意思是,这种尽孝的美德,像兰花一样清香不断。

[4] 如松之盛:孝亲的德行,像松柏茂盛久长。

川流不息[1],

渊澄取映[2]。

容止若思[3],

言辞安定[4]。

注 释

[1] 川流不息:河水日日夜夜奔流不停息。

[2] 渊澄取映:渊,水潭;澄,(水)清而净;取映,(像镜子)可用来映照。这句是说,水潭里的水像明镜一样清澈照人。

[3] 容止若思:容止,仪容举止;若思,像在思考问题一样。这句是说,仪容举止像在思考问题那样沉着安详。

[4] 言辞安定:言语对答要稳重自信。

孔怀兄弟[1],

同气连枝[2]。

交友投分[3],

切磨箴规[4]。

注　释

[1] 孔怀：语出《诗·小雅·常棣》。原谓甚相思念。后用为兄弟的代称。

[2] 同气连枝：同气，气息相通。同气连枝，(兄弟之间)血脉相通,共通气息。

[3] 交友：结交朋友。　投分(fèn)：意气相合。

[4] 切磨：相互切磋指正。　箴(zhēn)规：劝诫规谏。

仁慈隐恻[1],

造次弗离[2]。

节义廉退,

颠沛匪亏[3]。

注 释

[1] 仁慈:仁爱慈善。 隐恻:即"恻隐"。同情,怜悯。

[2] 造次:轻易,轻率。 弗:不。 离:背离,放弃。

[3] 节义廉退,颠沛匪亏:节,气节;义,正义;廉,清廉;退,谦让;颠沛,困顿挫折;匪,不;亏,欠缺。这两句的意思是,气节、正义、清廉、谦让这些应有的美德,即使颠沛流离也不能缺损。

守真志满,

逐物意移[1]。

坚持雅操,

好爵自縻[2]。

注 释

[1] 守真志满,逐物意移:守真,保持本性;志满,志向得到满足;逐物,追求物质享受;意移,意志改变动摇。这两句的意思是,保持纯真的本性,志向就能得到实现。

[2] 坚持雅操,好爵自縻(mí):雅操,高尚的操守;好爵,指高官厚禄;縻,束缚。这两句的意思是,坚持高尚的操守,自然会得到官爵。

渠荷的历[1],

园莽抽条[2]。

枇杷晚翠[3],

梧桐蚤凋[4]。

注 释

[1] 渠荷的历:的(dì)历,光亮、鲜明。这句是说,夏季池塘里的荷花无比鲜艳。

[2] 园莽抽条:莽,草丛,这里泛指园中茂盛的草木。这句是说,春天园林中的草木抽出嫩绿的枝条。

[3] 枇杷晚翠:枇杷,即枇杷树,常绿小乔木,冬花夏熟,果和叶可食用;晚,指季节晚,此指冬季,枇杷正开花。这句是说,冬日里枇杷树依然青翠。

[4] 梧桐蚤凋:蚤,通"早";凋,凋落。这句是说,秋风吹来的时候,梧桐树的叶子早早地凋落了。

弟子规

（清）李毓秀

《弟子规》原名《训蒙文》,后经清代儒生贾存仁修订,更名为《弟子规》。《弟子规》紧扣《论语·学而》中的"弟子入则孝,出则悌,谨而信,泛爱众而亲仁,行有余力则以学文"一段话,加以演绎而成,它三字一句,合辙押韵,朗朗上口,易于背诵。清代后期,许多地方都把它列为私塾、义学的童蒙必读书。《弟子规》对子弟居家在外所应遵循的礼仪、礼节都做了详细的规定和要求,具有学规、学则的功能,一问世便大受欢迎,其影响一直延续到今天。

弟子规[1],圣人训[2]。

首孝悌[3],次谨信[4]。

泛爱众[5],而亲仁[6]。

有余力[7],则学文[8]。

注 释

[1] 弟子规:指李毓秀的这本书。规,规则、规范。

[2] 圣人训:指下文所引《论语·学而》中的一段话。圣人,指儒家创始人孔子。

[3] 孝悌:亦作"孝弟"。孝顺父母,友爱兄长。

[4] 谨信:恭谨诚信。

[5] 泛爱众:与大众友爱相处。

[6] 亲仁:亲近有仁德的人。

[7] 余力:富余的精力。

[8] 学文:学习文化典籍。

身有伤[1],贻亲忧[2]。

德有伤[3],贻亲羞[4]。

注 释

[1] 身有伤:身体受到损伤。

[2] 贻亲忧:贻,遗留,这里指带给。这句是说,给父母带来忧虑。

[3] 德有伤:品德有了污点。

[4] 羞:耻辱。

亲爱我[1]，孝何难[2]？
亲恶我[3]，孝方贤[4]。

注 释

[1] 亲:父母。 爱:疼爱。

[2] 孝何难:我尽孝有什么困难呢?

[3] 恶(wù):讨厌,憎恶。

[4] 孝方贤:我还能尽孝,这才算是贤德。

兄道友[1],弟道恭[2]。

兄弟睦[3],孝在中[4]。

注 释

[1] 道:遵行。这里指应当遵行的道德原则。 友:友爱。

[2] 恭:恭敬。

[3] 睦:和睦。

[4] 孝在中:孝就体现在其中了。

财物轻[1]**，怨何生**[2]**。**

言语忍[3]**，忿自泯**[4]**。**

注 释

[1] 财物轻:把钱财看得很轻。

[2] 怨何生:相互间的怨恨还从哪里产生呢?

[3] 言语忍:说话能相互忍让。

[4] 忿自泯:忿,愤怒,怨恨;泯,消失,消除。这句的意思是,怨恨就自然消失了。

朝早起[1],夜眠迟[2]。

老易至[3],惜此时[4]。

注 释

[1] 朝(zhāo):早晨,天刚亮。

[2] 眠:入睡,睡觉。

[3] 老易至:垂老很容易来到。

[4] 惜此时:要珍惜眼前的大好时光。

衣贵洁,不贵华[1]。

上循分,下称家[2]。

注　释

[1] 衣贵洁,不贵华:衣服贵在干净整洁,不必追求华贵。
[2] 上循分(fèn),下称(chèn)家:循,遵循,符合;分,身份;称家,根据家中财力行事。这两句的意思是,当官的穿衣要符合自己的身份,老百姓穿着要和自己的家庭条件相适合。

对饮食,勿拣择[1]。

食适可,勿过则[2]。

注 释

[1] 拣择:挑选。这里指挑挑拣拣。

[2] 食适可,勿过则:适可,适可而止;则,准则,这里指饮食应遵从的原则,即饮食要适量适度。这两句是说,吃东西要有节制,不要过量过度。

勿践阈[1],勿跛倚[2]。

勿箕踞[3],勿摇髀[4]。

注 释

[1] 践:踩,踏。 阈(yù):门槛。

[2] 跛(bǒ)倚:站立歪斜不正,倚靠于物。指不端庄的样子。

[3] 箕踞:随意张开双腿坐着,形似簸箕。一种轻慢、不拘礼节的坐的姿态。

[4] 摇:摆动。 髀(bì):大腿。

凡出言[1],信为先[2]。
诈与妄[3],奚可焉[4]?

注　释

[1] 出言:开口说话。

[2] 信:诚实,讲信用。

[3] 诈:欺骗。　妄:言词荒谬。

[4] 奚可焉:奚,何,怎么。奚可焉,怎么可以呢?

话说多，不如少。

惟其是[1]，勿佞巧[2]。

注　释

[1] 惟其是：实事求是。

[2] 勿：不，不能。　佞（nìng）巧：巧言善辩，花言巧语。

刻薄语[1],秽污词[2]。

市井气[3],切戒之[4]。

注 释

[1] 刻薄语:冷酷无情、过分苛求的话。

[2] 秽污词:肮脏下流的词语。

[3] 市井气:欺诈不讲诚信的市侩习气。

[4] 切戒之:一定戒除它们(指刻薄语、秽污词、市井气之类)。

彼说长[1]，此说短[2]。

不关己[3]，莫闲管[4]。

注 释

[1] 彼说长(cháng)：那个人说长。长，家长里短的无聊话。下句的"短"亦即此意。

[2] 此说短：这个人说短。

[3] 不关己：这里指事情与己无关（指所谈之事）。

[4] 莫闲管：不要去管这些无聊的事情。

见人善[1],即思齐[2]。

纵去远[3],以渐跻[4]。

见人恶[5],即内省[6]。

有则改,无加警[7]。

注 释

[1] 善:好的行为和品德。

[2] 即:就。 思齐:考虑并努力向他看齐。

[3] 纵去远:即使差距很远。去,距离。

[4] 渐:逐渐。 跻(jī):升,登,达到。这里指成为同一类人。

[5] 恶(è):坏的行为。

[6] 内省(xǐng):内心反省自己的思想和言行,检查有无过失。

[7] 无加警:没有就加以自勉和警惕。

闻过怒[1],闻誉乐[2]。

损友来[2],益友却[4]。

闻誉恐[5],闻过欣[6]。

直谅士[7],渐相亲[8]。

注 释

[1] 闻过怒:过,过失,错误。这句是说,听到批评你的过错就生气。

[2] 誉:称赞,赞美。 乐:快乐,高兴。

[3] 损友:对自己有害的朋友。

[4] 益友:有益的朋友。 却:离开。

[5] 恐:恐惧,害怕。这里是不安的意思。

[6] 欣:欣喜,高兴。

[7] 直谅士:正直诚实的人。

[8] 渐相亲:逐渐地来和你亲近。

无心非[1]**,名为错**[2]**。**

有心非[3]**,名为恶**[4]**。**

注 释

[1] 无心非:非,错误,失误。这句是说,不是故意造成的过失。

[2] 名为错:名,称作。名为错,称之为"错"。

[3] 有心:怀有某种意念或想法。

[4] 恶(è):罪恶。

行高者[1],名自高[2]。
人所重,非貌高[3]。

注 释

[1] 行(xíng)高者:品行高洁的人。

[2] 名:名声,名望。

[3] 人所重,非貌高:非,不是;貌高,身材高大,仪表堂堂。这两句的意思是,人们钦佩他,并不是由于他的容貌非凡。

才大者,望自大[1]。

人所服,非言大[2]。

注 释

[1] 才大者,望自大:大,出众;望,声望,名望。这两句是说,才能出众的人,声望自然就大。

[2] 人所服,非言大:服,佩服,敬佩。这两句是说,人们钦佩他的才华,并不是因为他说话言辞惊人。

勿谄富[1]，勿骄贫[2]。
勿厌故[3]，勿喜新[4]。

注　释

[1] 谄富：巴结富有的人。

[2] 骄贫：傲慢欺侮穷人。

[3] 厌故：讨厌老朋友。

[4] 喜新：喜欢新结交的朋友。

人不闲[1]**,勿事搅**[2]**。**

人不安[3]**,勿话扰**[4]**。**

注 释

[1] 人不闲:别人正在忙碌的时候。

[2] 勿事搅:不要因为有事就去打搅人家。

[3] 人不安:别人心情不好。

[4] 勿话扰:不要借故说话去打扰人家。

道人善[1],即是善[2]。
人知之[3],愈思勉[4]。

注 释

[1] 道人善:称道别人的善行。

[2] 即:就。 善:行善。

[3] 人知之:对方听到你的称赞。

[4] 愈思勉:更加想到勉励自己。

扬人恶[1],即是恶[2]。

疾之甚[3],祸且作[4]。

注 释

[1] 扬人恶(è):宣扬别人的恶行。

[2] 即是恶(è):就是一件坏事。

[3] 疾之甚:疾,痛恨。痛恨别人过分。

[4] 祸且作:作,兴起,招致。就会招来灾祸。

善相劝[1],德皆建[2]。

过不规,道两亏[3]。

注 释

[1] 善相劝:善意的相互规劝。

[2] 德皆建:双方都树立了道德。

[3] 过不规,道两亏:有过而不规劝,双方道德都会受到损害。

凡取与[1],贵分晓[2]。
与宜多[3],取宜少[4]。

注 释

[1] 取:从别人那里取得东西。 与:给予别人东西。

[2] 贵:重要的。 分晓:明白其中的道理。

[3] 与宜多:给予别人的应该多。

[4] 取宜少:从别人那里得到的应该少。

将加人[1],先问己。

己不欲,即速已[2]。

注 释

[1] 将加人:准备强加给别人的事。

[2] 己不欲,即速已:已,停止。孔子在《论语·颜渊》中说,"己所不欲,勿施于人",意思是说自己所不愿意的事,就不要强加于别人。己不欲,即速已,是说自己所不愿意的事,就应当立即停止。

势服人[1],心不然[2]。
理服人[3],方无言[4]。

注 释

[1] 势服人:依靠权势压服别人。

[2] 不然:不是这样。是说内心不会服气。

[3] 理:道理。 服:说服,劝导。

[4] 方无言:才能使别人没有话说。

果仁者[1],人多畏[2]。

言不讳[3],色不媚[4]。

注 释

[1] 果:果真。　仁者:有仁德的人。

[2] 畏:敬畏。

[3] 言:说话。　不讳:不隐讳,不遮掩。

[4] 色:神色。　不媚:不谄媚。

能亲仁[1]，无限好[2]。

德日进，过日少[3]。

注　释

[1] 亲仁:亲近仁德的人。

[2] 无限好:有无限的好处。

[3] 德日进,过日少:道德会一天天增进,过失会一天天减少。

方读此[1],勿慕彼[2]。
此未终[3],彼勿起[4]。

注 释

[1] 方:刚刚。 此:指这本书。

[2] 慕:向往,想着。 彼:指那本书。

[3] 此未终:这本书还没读完。

[4] 彼勿起:不要又开始读另一本书。

心有疑[1],随札记[2]。
就人问[3],求确义[4]。

注 释

[1] 心有疑:(读书时)心里有了疑问和困惑。
[2] 随:随时,随手。 札记:记下来。札,古时写字用的小木片。
[3] 就人问:就教,指随时向别人请教。
[4] 求确义:以求弄懂确切的意思。

非圣书[1],摒勿视[2]。

蔽聪明[3],坏心志[4]。

注 释

[1] 圣书:内容符合儒家思想道德标准的图书。

[2] 摒:排除,摒弃。　勿视:不看。

[3] 蔽:蒙蔽。　聪明:犹耳目。

[4] 坏:败坏。　心志:心性和意志。

勿自暴[1],勿自弃[2]。

圣与贤[3],可驯致[4]。

注 释

[1] 自暴:自甘堕落。

[2] 自弃:自甘落后,不求上进。

[3] 圣、贤:这里指圣贤的境界。

[4] 可驯致:可以通过提高道德修养和学识逐渐达到。

神童诗

(宋)汪洙

《神童诗》是古代流传广泛的启蒙读物,它的作者是汪洙。汪洙是北宋末年浙江鄞县(今鄞州区)人,他幼年聪慧过人,九岁能作诗,号称汪神童。常见的《神童诗》收诗34首,内容上大致分为两大类。前面的19首为一类,主要是劝诫读书,求取功名富贵。这一部分诗作中,一些鼓励少年立志读书、自强向上的诗句,其思想意义是积极的,但有些也存在较重的封建观念,它所宣扬的读书做官、功名富贵,在当时就受到一些人的非议,在今天更应批判地吸收。后面的15首为一类,主要是歌咏一年四季的自然风光,抒发作者的美好感受。这些吟咏自然景物的佳作,具有一定的文学价值。全书每首诗都是五言绝句,语言简洁明快、通俗易懂,极便于儿童吟诵。其实《神童诗》并非汪洙一人的作品。

天子重英豪,

文章教尔曹;

万般皆下品,

唯有读书高[1]。

《劝学一》

注 释

[1] 万般皆下品,唯有读书高:万般,总括之词,指各种各样,这里指各行各业;皆,都,全;下品,犹下等,等级低的,这里指低贱的;高,高贵。这两句的意思是,世间所有行业都是低贱的,只有读书是高贵的。是流传了千百年的名言。尊重读书符合历史潮流,但把各行各业都视为低贱的,则过于偏颇和迂腐。

学问勤中得,

萤窗万卷书[1]。

三冬今足用[2],

谁笑腹空虚[3]?

《劝学三》

注 释

[1] 萤窗:萤火寒窗,形容勤学苦读。典出《晋书·车胤传》。

[2] 三冬:据《汉书·东方朔传》载,汉朝的东方朔十三岁开始阅览群书,经过三个冬天的苦读,在文学、历史方面都获得了丰富的知识,足够通常应用了。这里的"三冬"是泛指,形容漫长的时间。

今足用:如今知识够用了。

[3] 空虚:空无,不充实。这里指没有知识。

自小多才学[1],
平生志气高[2]。
别人怀宝剑[3],
我有笔如刀[4]。

《劝学四》

注 释

[1] 才学:才能和学问。

[2] 平生:一生。

[3] 别人怀宝剑:别人怀揣宝剑,凭勇力升官。

[4] 我有笔如刀:我凭着一杆像刀一样锋利的笔立身世间。

朝为田舍郎[1],

暮登天子堂[2]。

将相本无种[3],

男儿当自强[4]。

《劝学五》

注 释

[1] 朝(zhāo):早晨。　田舍郎:农家子。多用于指乡野之人。

[2] 暮:晚上。　天子堂:朝廷,皇帝的宝殿。

[3] 将相本无种:典出《史记·陈涉世家》:"王侯将相,宁有种乎?"意思是,王侯将相,难道是天生就的吗?

[4] 男儿当自强:好男儿应当立志图强。

喜中青钱选[1],
才高压俊英。
萤窗新脱迹[2],
雁塔淡书名[3]。

《劝学十二》

注 释

[1] 青钱选:用质量和成色好的青铜钱比喻科举考试中被选中。

[2] 脱迹:摆脱,离开。这里指离开过去多年苦读的萤窗。

[3] 雁塔:即今西安市的大雁塔,唐朝玄奘为收藏佛经所立。唐朝时,每年科考新考中的进士都要到雁塔留名,后来"雁塔题名"成为进士及第的代称。 淡书名:唐、宋时科考放榜用淡墨书写榜文,故称榜上的名字为淡书名。

慷慨丈夫志[1],

生当忠孝门[2]。

为官须作相[3],

及第必争先[4]。

《言忠》

注 释

[1] 慷慨:情绪激昂。 丈夫:犹言大丈夫。指有所作为的人。 志:志向。

[2] 生当忠孝门:生,活在世上;忠孝,忠于君国,孝于父母;门,门弟。这句的意思是,活在世上应当立起忠孝门第。

[3] 为(wéi)官:做官。 须:一定。
相(xiàng):百官之长。后通称宰相。

[4] 及第必争先:参加科举考试一定要名列前茅。

久旱逢甘雨[1],

他乡遇故知[2],

洞房花烛夜,

金榜题名时[3]。

《四喜》

注 释

[1] 甘雨:适时好雨。

[2] 他乡:异乡,远离家乡的地方。 故知:故交,老朋友。

[3] 金榜题名:科举殿试揭晓的榜上有名。指殿试录取。前面三句连用三大幸事来衬托这一句"金榜题名时",更强调了科举考试被录取时的荣耀。

土脉阳和动[1],

韶华满眼新[2]。

一枝梅破腊[3],

万象渐回春[4]。

《早春》

注 释

[1] 土脉:土壤开冻松化,生气勃发,如人身脉动。 阳和动:阳和,春天的暖气。阳和动,春气上升,春回大地,暖气涌动。

[2] 韶华:美好的时光。这里指春光。

[3] 梅:指梅花。 破腊:腊,祭名,祭祖先为腊,通指农历十二月,为一年最寒冷的日子。破腊,冲破严寒的腊月(指梅花开放)。

[4] 万象:宇宙间的一切事物或景象。 回春:冬去春来。即迎来了春天。

春到清明好[1],

晴天锦绣纹[2]。

年年当此节[3],

底事雨纷纷[4]。

《清明》

注 释

[1] 春到清明好:这句是说,春天在清明时节正是大好的时光。

[2] 晴天锦绣纹:锦绣,花纹色彩精美鲜艳的丝织品,比喻美好的事物;纹,丝织品上的花纹。这句是说,有薄云的晴空像织有花纹的锦绣一样美丽。

[3] 当(dāng):值,到了。

[4] 底事:何事,为什么。 雨纷纷:细雨纷飞。"雨纷纷"出自唐代诗人杜牧的七绝《清明》。

风阁黄昏后[1],

开轩纳晚凉[2]。

月华当户白[3],

何处递荷香[4]?

《纳凉》

注 释

[1] 风阁:四面开窗通风的阁楼。

[2] 开轩:轩,窗户。开轩,打开窗户。

纳:接纳。

[3] 月华:月光,月色。 当户:对着门户。

[4] 何处递荷香:递,传送,传递;荷,莲的花,夏天开放,为红色或白色,有清香。这句是说,从哪里飘来了一缕缕荷花的清香?

一雨初收霁[1],

金风特送凉[2]。

书窗应自爽[3],

灯火夜偏长[4]。

《秋凉》

注 释

[1] 初:刚刚。 收:结束,停止。
霁(jì):雨止天晴。

[2] 金风:秋风。 特:特意。

[3] 书窗:书房的窗下。 爽:畅快,惬意。

[4] 灯火夜偏长:秋夜在灯下读书,时间渐觉增长。

帘外三竿日[1],

新添一线长[2]。

登台观气象[3],

云物喜呈祥[4]。

《冬初》

注 释

[1] 三竿日:犹言日上三竿。

[2] 新添一线长(cháng):冬至时太阳最为偏南,这一天黑夜最长,白天最短,此后白天日渐变长,太阳的影线也一天比一天长,故有此说。

[3] 登台观气象:登上高台观看天象的变化。

[4] 云物喜呈祥:云物,云彩的颜色。这句是说,云彩的颜色中预示着吉祥。

小儿语

(明)吕得胜

《小儿语》是明代著名学者吕坤之父吕得胜的一部蒙学著作。吕得胜非常重视童蒙教育,他对当时民间流行的童谣极为不满,认为这些浅薄粗俗、缺乏教益的童蒙读物,不利于童蒙身心健康成长,于是采用民间通俗的语言形式,撰写了《小儿语》一书。在《小儿语》中,吕得胜借用"新童谣"的形式,把为人处世的道理和培养道德的训诫写入其中,目的在于一儿习之,而为诸儿流布;童时习之,而为终身体认,以便改过迁善,淳化风俗。《小儿语》成书后,即在社会上广泛传播,续作或仿作也大量出现。

一切言动[1],

都要安详[2]。

十差九错[3],

只为慌张[4]。

注 释

[1] 言动:言语行动。

[2] 安详:稳重从容,不忙乱。

[3] 十差九错:几乎所有的过错。

[4] 慌张:恐惧紧张。心里不沉着,动作忙乱。

沉静立身[1],

从容说话[2]。

不要轻薄[3],

惹人笑骂[4]。

注 释

[1] 沉静:是说站立要平稳。 立身:此指站立。

[2] 从(cóng)容:悠闲舒缓,不慌不忙。

[3] 轻薄:轻佻浮薄。

[4] 惹人:招引别人。

先学耐烦[1],

快休使气[2]。

性躁心粗[3],

一生不济[4]。

注　释

[1] 耐烦:耐心,不怕麻烦。

[2] 休:不要。　使气:任凭耍弄意气。

[3] 性躁:性情急躁。

[4] 不济:不能成功。

无心之失[1],

说开罢手[2]。

一差半错[3],

那个没有[4]?

注 释

[1] 无心之失:失,过失,过错。无心之失,无意间发生的过错。

[2] 罢手:住手,停止。此指原谅别人。

[3] 一差半错:小小差错或过失。

[4] 那:同"哪"。

宁好忍错[1],

休要说谎[2]。

教人识破[3],

谁肯作养[4]。

注 释

[1] 宁好(nìng hǎo)忍错:宁,宁可,宁愿;忍,通"认",认识。这句的意思是,宁愿有好的认错态度。

[2] 休要:(一定)不要。

[3] 教人识破:被人家识破了说的是谎话。

[4] 肯:愿意,同意。 作养:培养,培育。

要成好人[1],

须寻好友[2]。

引酵若酸[3],

那得甜酒[4]?

注 释

[1] 好人:品行端正的人,善良的人。

[2] 寻:寻找,谋求。此指结交。 好友:志同道合的朋友。

[3] 引:取用,使用。 酵(jiào):含有酵母的有机物,用来发面、制酱、酿酒等。

[4] 那得甜酒:那,同"哪"。这句的意思是,哪能酿成甘甜美酒。

与人讲话,

看人面色[1]。

意不相投[2],

不须强说[3]。

注 释

[1] 面色:指脸色。

[2] 意:情趣,志趣。

[3] 强(qiǎng):勉强。

  与人交谈时,观察别人的神态,这是人际交往中的交流技巧,然而这和坚持原则不要混同。

造言起事[1],

谁不怕你[2]。

也要堤防[3],

王法天理[4]。

注　释

[1] 造言:制造谣言。　起事:生事,挑起事端。

[2] 谁不怕你:每一个人都害怕招惹你。

[3] 堤(dī)防:提防,防备。

[4] 王法:国家的法令。　天理:自然法则。
　　对于谣言的危害,我们一定要清醒,做到不造谣,不信谣,不传谣,这是一个正直的人必须遵守的底线。

既做生人[1],

便有生理[2]。

个个安闲[3],

谁养活你?

注 释

[1] 生人:活着的人。

[2] 生理:生计,谋生之道。

[3] 安闲:安静清闲,安逸舒适。

饱食足衣[1],

乱说闲耍[2]。

终日昏昏[3],

不如牛马[4]。

注 释

[1] 饱食足衣:吃得饱穿得好。

[2] 乱说:胡说瞎扯。 闲耍:随意游玩。

[3] 终日:整天。 昏昏:稀里糊涂。

[4] 不如:比不上。

人活在世上不是单单为了吃饱穿暖,要珍惜只有一次的生命,有所作为。

世间第一好事[1],

莫如救难怜贫[2]。

人若不遭天祸[3],

舍施能费几文[4]。

注 释

[1] 世间:人世间,世界上。

[2] 莫(mò)如:不如。　救难:救人危难。怜贫:帮助贫穷的人。

[3] 天祸:上天降下的祸殃。即大灾难。

[4] 舍施:即施舍。给人财物。　文:量词。钱币的单位。南北朝以来称一枚钱为一文。

蜂蛾也害饥寒[1],

蝼蚁都知疼痛[2]。

谁不怕死求活,

休要杀人害命[3]。

注 释

[1] 蜂蛾:蜂和飞蛾。泛指小生物。

　　害:害怕。

[2] 蝼蚁:蝼蛄和蚂蚁。泛指微小的生物。

[3] 休要杀人害命:这句的意思是,不要干那种杀害生命的事。

续小儿语

（明）吕坤

《续小儿语》是明代著名学者吕坤对其父吕得胜的《小儿语》的一篇续作。《小儿语》问世之后,续作颇多,但写得最好的,还是吕坤的这篇《续小儿语》。《续小儿语》的内容与《小儿语》相近,仍依义理身心之类,虽有扩充,但变化不大,体例也与《小儿语》大致相同。语言方面,作者虽刻意求俗,力求有《小儿语》的"儿味",但结果仍不如《小儿语》的"儿味"浓,仍显文了一些。

从小做人,

休坏一点[1],

覆水难收[2],

悔恨已晚[3]。

注 释

[1] 休:莫,不要。

[2] 覆水难收:据《后汉书·何进传》载,"国家之事,亦何容易!覆水不可收。亦深思之。"后以"覆水难收"比喻事成定局,难以挽回。

[3] 悔恨:懊悔。

白日所为[1],

夜来省己[2],

是恶当惊[3],

是善当喜[4]。

注 释

[1] 所为(wéi):所作所为,所干的事。

[2] 夜来:夜间。 省(xǐng)己:犹言自我反省。

[3] 恶(è):指坏事,不好的事。 惊:惊恐,震惊。

[4] 善:好事,善事。 喜:高兴。

男儿事业[1],

经纶天下[2],

识见要高[3],

规模要大[4]。

注 释

[1] 男儿:这里指男子汉,大丈夫。

[2] 经纶:整理丝缕、理出丝绪和编丝成绳,统称"经纶"。引申为筹划治理国家大事。

[3] 识见:见解,见识。

[4] 规模:指人的才具气概。

待人要丰[1],

自奉要约[2],

责己要厚[3],

责人要薄[4]。

注 释

[1] 待人:招待别人。 丰:丰厚。

[2] 自奉:指自身日常生活的供养。

约:省减,简约。

[3] 责己:要求自己。 厚:多。此指严格。

[4] 责人:要求别人。 薄:少。此指宽缓。

厚时说尽知心[1],

提防薄后发泄[2],

恼时说尽伤心[3],

再好有甚颜色[4]?

注 释

[1] 厚时说尽知心:厚,指交往深厚。这句的意思是,两人交往深厚时说尽知心话。

[2] 提防薄后发泄:薄,指交往淡薄。这句的意思是,两人交往淡薄后,对方就有可能把这些话说出去。

[3] 恼时说尽伤心:两人交往,恼怒时各种伤心话都说。

[4] 再好有甚颜色:颜色,指脸面。这句的意思是,两人交往,怒气平复之后还有什么脸面再相互打交道呢?

世上第一伶俐[1],

莫如忍让为高[2],

进履结袜胯下[3],

古今真正人豪[4]。

注 释

[1] 伶俐:机灵。

[2] 忍让:容忍退让。

[3] 进履:指汉朝张良在下邳桥上忍怒为老者穿鞋,老者传授兵法给张良,张后来成为刘邦军师之事。此指张良。 结袜:指汉朝张释之屈身为老者结袜后被重用之事。此指张释之。 胯下:指汉朝韩信受辱胯下之事。此指韩信。

[4] 人豪:人中豪杰。

学者三般要紧[1]:
一要降服私欲[2],
二要调顺气质[3],
三要跳脱习俗[4]。

注 释

[1] 三般:三个。 要紧:至关重要之点。

[2] 降(xiáng)服:制服。 私欲:个人的欲望。

[3] 调(tiáo)顺:理顺。 气质:指人的生理、心理等素质,是相当稳重的个性特点。

[4] 跳(táo)脱:逃脱,脱离。 习俗:犹流俗。

万古此生难再[1],

百岁转眼光阴[2],

纵不同流天地[3],

也休涴了乾坤[4]。

注释

[1] 万古此生难再:自古以来人的一生不会有第二次。

[2] 百岁:一生,终身。 光阴:时间,岁月。

[3] 纵:即使。 同流天地:像天地一样长久。

[4] 涴(wò):污染,弄脏。 乾(qián)坤:指天地。

莫防外面刀枪,

只怕随身兵刃[1],

七尺盖世男儿[2],

自杀只消三寸[3]。

注 释

[1] 兵刃:兵器。此指自己身上的器官。

[2] 七尺:指身躯。人身长约相当古尺七尺,故称。 盖世:是指才能功绩等高出当代之上。

[3] 自杀只消三寸:自杀,自己危害自己,此指随意说话自己把自己害了;只消,只要;三寸,指舌。这句的意思是,管不住自己的嘴,随意说话惹了祸,自己把自己害了。

若要德业成[1],

先学受穷困;

若要无烦恼,

惟有知足好[2];

若要度量长[3],

先学受冤枉[4];

若要度量宽,

先学受懊烦[5]。

注 释

[1] 德业:德行与功业。

[2] 惟:只有。 知足:自知满足,没有过分的企求。

[3] 度量:器量,涵养。

[4] 冤枉:指没有事实根据,给人加上恶名。

[5] 懊烦:懊恼烦闷。

好面上炙个疤儿[1],

一生带破[2];

白衣上点些墨儿,

一生带涴[3]。

注 释

[1] 面:脸。 炙(zhì):烧灼。

[2] 带破:此指脸上皮肉烧灼治愈后留下的痕迹,俗称破相。

[3] 一生:此指衣服一直穿到烂为止。

带涴(wò):留下脏痕。

以上这段文字所表述的观点告诉人们:要谨防身心轻易被玷上污点。

兰芳不厌谷幽[1],

君子不为名修[2]。

注 释

[1] 兰芳:兰花的芳香。 不厌:不嫌。谷幽:山谷幽深。

[2] 君子:才德出众的人。 不为(wèi):不因为。 名:功名富贵。 修:修养自身。

这段文字用"兰芳不厌谷幽"映衬了君子不为功名富贵而修养自身的高尚情操。

小儿语补

(清)天谷老人

《小儿语补》为清代天谷老人撰。这是继明代吕坤的《续小儿语》之后,对明代吕得胜的《小儿语》的另一部续作。《小儿语补》和《小儿语》《续小儿语》一样,都分"四言""六言"和"杂言",语体相近,义例相同,内容多涉及修身、处世、读书、交友、孝亲,等等,但比《小儿语》《续小儿语》更显丰富一些。撰者天谷老人,生平不详。

乌鸦反哺[1],
尚答亲恩[2]。
有亲不养,
何以为人[3]?

注 释

[1] 乌鸦反哺:亦称"乌鸟反哺"。乌雏长成,衔食喂养其母。后用以比喻报答亲恩。

[2] 尚:犹,还。 答:报答。 亲:父母。

[3] 何以:怎么。

远水不救近火,

远亲不如近邻,

平日没些情分[1],

左右都是仇人[2]。

注 释

[1] 情分(fèn):犹情谊。即亲友间的情感。

[2] 左右:这里指左邻右舍。即邻居。

早起三朝当一工[1],

常余一勺成千钟[2]。

注 释

[1] 朝(zhāo):早晨。 一工:一天的劳动量。

[2] 余:此指节余。 千钟:钟,古代容量单位。千钟,极言其多。古代以六斛四斗为一钟,一说八斛为一钟,又谓十斛为一钟。

贫不治生[1],

长躺不得翻身;

贫不安分[2],

一跌必然殒命[3]。

注 释

[1] 治生:经营家业,谋生计。

[2] 安分(fèn):规矩老实,守本分。

[3] 跌:跌跤。指不安分带来的变故。

殒(yǔn)命:死亡,丧身。

益友如良医[1],

活人人不知[2];

损友如贱娼[3],

杀人人不防。

注 释

[1] 益友:有益的朋友。

[2] 活人:使人活,救活他人。

[3] 损友:对自己有害的朋友。 贱娼:对妓女的辱骂之词。

小人甜如蜜[1],

反眼不相识[2];

不如亲君子[3],

缓急都有益[4]。

注 释

[1] 小人:人格卑鄙的人。

[2] 反眼不相识:翻脸不认人。

[3] 亲:接近,亲近。 君子:泛指才德出众的人。

[4] 缓急:指危机之事或发生变故之时。

交友不在酒肉[1]，
看人不在衣服[2]。

注 释

[1] 交友:结交朋友。 酒肉:吃吃喝喝。

[2] 看人不在衣服:指不以衣服和外在取人。

读书贵有用[1]，

做人当自重[2]。

注 释

[1] 贵:重要之处。

[2] 自重(zhòng):谨言慎行,尊重自己的人格。

老学究语

（清）李惺

《老学究语》是仿明朝吕得胜的《小儿语》和吕坤的《续小儿语》撰写的一部蒙学读物。《老学究语》的作者李惺,是清代嘉庆年间的进士。他写《老学究语》,依《小儿语》《续小儿语》之义,沿《小儿语》《续小儿语》之例,书名却不相沿袭。《老学究语》全书共227条,除依吕氏父子之作中四言、六言、杂言的体例编写外,同一性质的语段还编在了一起,并于每个段落之后标明类目。其类目大致包括教家、立身、涉世、立志、读书、戒贪、恕人、宽厚、戒诈害、戒无守、戒轻薄、戒心术、惩忿,等等。《老学究语》因出于老学究之手,其语言有的如《小儿语》,有儿味,多数则没有,但有些腐。总之,凡所云云,多属老生常谈,却又语重心长。

不怕饥寒[1],

怕无家教[2],

惟有教儿[3],

最关紧要[4]。

注 释

[1] 不怕:不畏惧,不害怕。

[2] 家教:指家庭中的礼法或家长对子女进行的关于道德、礼节的教育。

[3] 惟:只有。 教儿:教导和训诫子女。

[4] 紧要:重要。

松下生松[1],

柏下生柏,

近朱者赤,

近墨者黑[2]。

注 释

[1] 松下生松:这句和下句"柏下生柏"是用以比喻家庭教育的传承问题。

[2] 近朱者赤,近墨者黑:接近朱砂容易变红,接近墨容易变黑。强调客观环境具有很大影响力。所以交友要慎重。

淡淡薄薄[1]，

朴朴素素[2]，

食不厌蔬[3]，

衣不厌布[4]。

注 释

[1] 淡淡薄薄：清贫寒素。

[2] 朴朴素素：俭朴，不奢侈。

[3] 食(shí)：吃，进食。　不厌：不嫌。蔬：蔬菜。此指蔬粮混杂的饭食。

[4] 衣(yì)：穿(衣服)。　布：此指粗布做的衣服。

日出而作,

日入而息[1],

第一等人[2],

自食其力[3]。

注 释

[1] 日出而作(zuò),日入而息:太阳出来就下地劳作,太阳落山就回家休息。原指上古人民的生活方式,后亦泛指单纯简朴的生活。

[2] 第一:等第次序居首位。

[3] 自食其力:靠自己的劳动养活自己。

月不常圆[1],

日不再中[2],

泰则必侈[3],

侈则必穷[4]。

注 释

[1] 月不常圆:月亮不能每夜都是满月。

[2] 日不再中:太阳不能总是在中天上。

[3] 泰则必侈:宽裕了必定想过奢侈的生活。

[4] 侈则必穷:过于奢侈了必定会变穷困。

谦谦君子[1],

恭而有礼[2],

小人不然[3],

傲慢而已[4]。

注 释

[1] 谦谦君子:谦虚谨慎、彬彬有礼的人。

[2] 恭:恭敬。 礼:礼节。

[3] 小人:识见浅狭的人。 不然:不是这样。

[4] 傲慢:骄傲怠慢。 而已:助词。表示仅止于此。犹罢了。

芝兰之生[1],

杂于众草[2],

凤凰所止[3],

从以百鸟[4]。

注　释

[1] 芝兰:芝通"芷"。芝兰,芷和兰。皆为香草。　生:生长。

[2] 杂:混杂,参杂。　众草:杂草,野草。

[3] 凤凰:古代传说中的百鸟之王。雄的叫凤,雌的叫凰。通称为凤或凤凰。羽毛五色,声如箫乐。常用来象征祥瑞。所止:所居之地。

[4] 从:跟从,随从。　百鸟:各种禽鸟。

以上四句是讲待人宽厚的。

凡与人言[1],
词气从容[2],
规人劝人[3],
人也乐从[4]。

注 释

[1] 与人言:对别人说话。

[2] 词气:言语的气势。 从(cōng,或读 cóng)容:悠闲舒缓。

[3] 规人劝人:规诫劝勉别人。

[4] 乐(lè)从:乐于听从。

说我不是[1],

道我不好[2],

虚心领受[3],

反而自考[4]。

注 释

[1] 不是:错误,过失。

[2] 道:说,讲述。

[3] 领受:接受。

[4] 反而:副词。表示跟上文意思相反或出乎意料,在句中起转折作用。 自考:自我检查,自我内省。

天理良心[1],

常言如此[2],

昧了天良[3],

忍心害理[4]。

注释

[1] 天理:宋代理学家把封建伦理看作永恒的客观道德法则,称"天理"。亦泛指道义。 良心:本指天然的善良心性。后多指内心对是非、善恶的正确认识。

[2] 常言:平常说话。

[3] 昧:违背。 天良:天赋的善心,良心。

[4] 忍心害理:心存残忍,违背天理。

不能则学[1],

不知则问[2],

耻于问人[3],

决无长进[4]。

注 释

[1] 不能:不懂得,不明白,不会。

[2] 不知:不晓得,不了解。

[3] 耻于问人:以虚心向别人求教为羞耻。

[4] 决:必然,一定。

饥而食粥[1],

粥可省费[2],

困而读书[3],

书可益智[4]。

注 释

[1] 饥:饥饿,肚子不饱。 食(shí):吃,进食。此指喝(粥)。
[2] 省费:省俭花费。
[3] 困:困惑,迷惑不解。
[4] 益智:增益智慧。

一有邪念[1],

立即斩断[2],

断了念头[3],

再休牵绊[4]。

注　释

[1] 邪念:不正当的念头。

[2] 斩断:砍断,切断。

[3] 念头:想法。此指邪恶的念头。

[4] 再休:再也不要。　牵绊:牵累羁绊。

兄弟亲戚朋友,

失欢多为谗言[1],

小人工于离间[2],

勿为小人所谩[3]。

注 释

[1] 失欢:犹失和。不和。 谗言:说坏话毁谤人。亦指坏话,挑拨离间的话。

[2] 小人:识见浅狭的人。 工:擅长,善于。 离间:从中挑拨,使隔阂、不团结。

[3] 谩:欺骗。

子弟先要醇谨[1],

醇谨自然端正[2],

少小便逞聪明[3],

聪明不如愚钝[4]。

注 释

[1] 子弟:此指年轻后辈。 醇谨:淳厚谨慎。

[2] 端正:正直不邪。

[3] 少(shào)小:指年幼者。 逞:显示,夸耀。 聪明:此指小聪明,小伎俩。

[4] 愚钝:愚笨迟钝。此指老实本分。

世重有贝之才[1],

财非无用之物[2],

愚人以之贾祸[3],

智者以之造福[4]。

注 释

[1] 重(zhòng):看重,重视。 有贝之才:即财富的"财"字。

[2] 财:钱财。 非:并不是,不是。

[3] 愚人:可与为恶、不可与为善的人。 贾(gǔ)祸:贾,买。贾祸,招致祸灾。

[4] 智者:有智谋或智慧的人。

门外之仇易释[1],

家庭之恨难消[2],

隐忍终须决裂[3],

由来不是一朝[4]。

注 释

[1] 易释:容易化解。

[2] 难消:难以消除。

[3] 隐忍:克制忍耐。

[4] 由来:此指导致(家庭之恨)的原因。

一朝(zhāo):一个早晨,一下子。

小人休与结怨[1],

亦莫与之作缘[2],

声名怕为所损[3],

还防事故牵连[4]。

注 释

[1] 结怨:结下怨仇。

[2] 作缘:指发生瓜葛、联系。

[3] 声名:名声。 损:损害,伤害。

[4] 事故:事情,问题。 牵连:株连,连累。

方才习这一艺[1],

又要别操一技[2],

世事无不可为[3],

白头不成一事[4]。

注 释

[1] 方才:刚才。表示时间过去不久。
习:学习。 一艺:一种才能或技艺。

[2] 别:另外。 操:做,从事。 一技:一种技艺。

[3] 世事:指士农工商各自具备的技艺。无不可为(wéi):没有不可做的,全是可做的。

[4] 白头:犹白发。形容年老。
这四句是说学艺要专一,不可见异思迁。

行兵要有纪律[1],

读书要有课程[2],

处事要有刀尺[3],

立身要有准绳[4]。

注 释

[1] 行(xíng)兵:领兵,用兵。 纪律:此指军纪。

[2] 课程:有规定数量和内容的学习进程。

[3] 处事:办事。 刀尺:比喻法式或规矩。

[4] 立身:处世、为人。 准绳:比喻行为所依据的原则或标准。

寸金寸阴[1],

寸草寸心[2],

世少百年之人[3],

家有白头之亲[4]。

注 释

[1] 寸金寸阴：一寸光阴一寸金。比喻时光的宝贵。

[2] 寸草寸心：比喻在有生之年子女孝敬父母的微小心意。即竭尽孝道。

[3] 世：世间。 少(shǎo)：缺少。 百年之人：百岁的老人，指长寿的人。

[4] 白头之亲：年迈的父母。

这四句是说，光阴短暂，转眼间世上的老人不多了，做子女的一定要尽心孝敬家中年迈的父母。

家庭有规矩[1],

朝廷有法纪[2],

官长要人远罪[3],

爷娘要儿近理[4]。

注 释

[1] 规矩:此指管理家庭的标准、成规。

[2] 朝(cháo)廷:君王接受朝见和处理政务的地方。 法纪:法律纲纪。

[3] 官长(zhǎng):旧时行政单位的主管官吏。 远(yuàn)罪:远离罪恶。

[4] 爷娘:爹娘,父母。 近理:此指懂得情理。

家常语

(清)管 涝

《家常语》是清朝人管涝撰写的。作者生平不详。这篇蒙学读物篇幅不算太长,但包含的内容却相当广泛。从上学读书,到家人相处、孝亲敬老、为人处世、待人交友,乃至劝戒烟酒,等等,日常家居所应遵循的准则,可以说一应俱全。作者所以取名《家常语》,一则文中所说的都是家居平常之事;二则语言也都是平常闲话家常之语,质朴平白,明白如话,很适合一般孩童阅读。

振起精神[1],

高声朗读,

眼看心记,

自然会熟[2]。

注 释

[1] 振起精神:是说读书时要精神振作,精力集中。

[2] 熟:指读书达到了熟记会背的程度。

莫用贪玩[1],

图混先生[2],

混到大来,

谁的光阴[3]?

注 释

[1] 莫:不要。

[2] 图:企图。 混:蒙混。 先生:指老师。

[3] 混到大来,谁的光阴:大,指岁数大。这两句的意思是,蒙混到岁数大了,消磨的都是自己的时间。

读万卷书[1],
通千古事[2],
凡尔学生[3],
须当立志[4]?

注　释

[1] 读万卷书:极言读书之多。

[2] 通:通晓。　千古:久远的年代。

[3] 凡:所有,凡是。　尔:你,你们。

[4] 须当(dāng):应当。　立志:树立远大的志向。

报父母恩[1],

恩报不尽。

体父母心[2],

便是孝顺[3]。

注 释

[1] 报:报答。 恩:恩德,恩惠,恩情。

[2] 体:体会,体察。

[3] 便是:就是,即是。 孝顺:原指爱敬天下之人、顺天下之人心的美好德行。这里指尽心奉养父母,顺从父母的意志。

莫用虚浮[1],

从小认真。

不肯务实[2],

到老无成[3]。

注 释

[1] 虚浮:浮躁而不脚踏实地。

[2] 务实:致力于实在的或具体的事情。

[3] 无成:不成功,没有成就。

若是做官[1],

莫坏良心[2],

实心爱民,

尽心报君[3]?

注 释

[1] 若是:如果,如果是。

[2] 良心:本指天然的善良心性。后多指内心对是非、善恶的正确认识。

[3] 报君:报答君主。这里指报效祖国。

至于作文,
先讲根柢[1],
第一毛病,
莫用袭取[2]。

注　释

[1] 根柢(dǐ):比喻事物的根基,基础。
[2] 袭取:沿袭取用。这里指写文章进行模仿乃至抄袭。

天理良心[1],

四字要紧,

做正经人[2],

是我本等[3]。

注 释

[1] 天理:天然的道理。

[2] 正经:正派。

[3] 本等:本身分内应做之事。

心高气傲[1],

瞧人不起[2],

只算你高[3],

终身就矣[4]。

注 释

[1] 心高气傲:要强好胜而自视不凡。

[2] 瞧人不起:看不起别人。

[3] 只:相当于"就"。 高:意即有能耐。

[4] 终身就矣:一辈子也就这个样子了。

有恩莫忘[1],

有仇莫记[2],

退一步想,

省些闲气[3]。

注 释

[1] 恩:这里指别人对自己的恩德。

[2] 仇(chóu):这里指自己对别人有过节儿。

[3] 闲气:因无关紧要的事惹起的气恼。

爱惜身子,

莫用吃烟[1]。

爱惜家当[2],

莫用赌钱[3]。

注　释

[1] 吃烟:即吸烟。

[2] 家当(dàng):家产。

[3] 赌钱:以金钱为输赢的赌博。

不可滥交[1],

交好朋友[2],

一生受益,

敬而能久[3]。

注 释

[1] 滥交:无选择地交朋友。

[2] 交:结交(朋友)。

[3] 敬而能久:指相互敬重的关系能保持长久。

女小儿语

（明）吕得胜

《女小儿语》系明代吕得胜继《小儿语》之后撰写的又一部蒙学读物。作者撰写此书,力图使用如同说话一般的民间浅近语言,使女孩童在乐闻而易晓的歌谣中,受到儒家义理的教育。该书问世后,得到人们的高度评价。书中有些提法,在今天仍有教育意义。

妇女妆束[1],
清秀雅淡[2],
只要贤德[3],
不在打扮。

注 释

[1] 妆束:打扮,梳妆穿戴。

[2] 雅淡:雅致素净。

[3] 贤德:贤惠,有美德。

长者当让[1],

尊者当敬[2],

任他难为[3],

只休使性[4]。

注 释

[1] 长(zhǎng)者当让：对年纪大或辈分高的人要忍让。

[2] 尊者：辈分或地位高的人。

[3] 任：听凭，任凭。 难为(wéi)：使人为难。

[4] 休：不要。 使性：亦作"使性子"。指发脾气，任性。

让得小人[1],

才是君子[2],

一般见识[3],

有甚彼此[4]。

注 释

[1] 小人:人格卑鄙的人。

[2] 君子:才德出众的人。

[3] 一般见识:谓同样浅薄的见解和气度。

[4] 甚:什么。 彼此:那个和这个。

邻里亲戚,

都要和气,

性情温热[1],

财物周济[2]。

注 释

[1] 性情:思想感情。 温热:温暖。这里有嘘寒问暖、体贴关怀的意思。

[2] 周济:接济,救助。

只夸人长[1],

休说人短[2],

人向你说[3],

只听休管[4]。

注 释

[1] 人:指别人。 长(cháng):长处,优点。

[2] 休:莫,不要。 短:短处,缺点。

[3] 人向你说:有人向你说别人的缺点或短处。

[4] 休管:不过问。

妇人好处[1],

温柔方正[2],

勤俭孝慈[3],

老成庄重[4]。

注 释

[1] 妇人:指成年女子。 好处(chù):优点。这里指最让人称道的地方。

[2] 方正:指人行为、品性正直无邪。

[3] 孝慈:对长辈孝敬,对晚辈慈爱。

[4] 老成:稳重,谈吐成熟。庄重(zhòng):言语、举止不随便、不轻浮。

闺训千字文

佚名

南朝时期周兴嗣撰写的《千字文》问世以后,不少文人以"千字文"的形式,编写了许多专门性质的蒙学读物,《闺训千字文》就是其中的一种。它仿照《千字文》四字一句的行文方式,在千字篇幅内,向青少年女子传导了封建伦理方面的内容,诸如"三从四德""男正乎外,女正乎内"之类。但它也非常重视女子修养的家庭意义,提出了"有圣母即有圣子,有贤妇始有贤夫"的观点,并强调女子尊老爱幼、勤俭持家、和睦邻里,等等,这些在今天仍有积极的借鉴意义。《闺训千字文》的作者和撰写年代均已无可查考。

言词庄重[1],

举止消停[2]。

戒谈私语[3],

禁出恶声[4]。

心怀浑厚[5],

面露和平[6]。

注 释

[1] 言词:言论,说话。 庄重:言语不随便、不轻浮。

[2] 举止:行动、举动。 消停:从容。

[3] 私语:此指不可见人的话。

[4] 恶(è)声:此指恶言恶语。

[5] 心怀:胸怀。 浑厚:淳朴,敦厚。

[6] 面露和平:指面容温和可亲。

勿效谄媚[1],

毋纵骄侈[2]。

卤莽浮躁[3],

非人所宜[4]。

注 释

[1] 效:模仿,师法。　谄媚:奉承讨好。

[2] 纵:放纵,任性。　骄侈:傲慢奢侈。

[3] 卤:通"鲁"。粗疏。　莽:莽撞。　浮:轻浮。　躁:急躁。

[4] 非人所宜:不是女人所应有的。

偶然获咎[1],

宛转熟思[2]。

苟云己错[3],

推诿则愚[4]。

注 释

[1] 获咎(jiù):获罪。这里指受到别人责备。

[2] 宛转熟思:宛转,回旋。这句的意思是,反反复复地认真思考。

[3] 苟云己错:苟,如果;云,说。这句是说,如果真的是自己错了。

[4] 推诿:推托。 则:就。 愚:愚蠢。

听话未真[1],

岂可猜疑?

当察事务[2],

百样该知[3]。

通文达义[4],

应变随机[5]。

注 释

[1] 听话未真:对别人说的话没有听真切。

[2] 察:详细了解。 事务:所做的事情。

[3] 百样该知:各方面都应该知道。

[4] 通文达义:义,通"仪"。这句是说,有学问懂礼仪。

[5] 应变随机:随机应变处理各种问题。

敬奉公婆,

戏彩承欢[1]。

搀扶伺候,

纳绽缝连[2]。

进服献履[3],

引扇加绵[4]。

注 释

[1] 戏彩承欢:春秋末年,楚国的老莱子非常孝敬父母,七十多岁了,还穿上五彩的衣服做婴儿状,以讨双亲欢喜。这句是说,要像老莱子那样设法让公婆喜欢。

[2] 纳绽缝连:鞋袜和衣服破了赶快缝补起来。

[3] 进服献履:及时送上衣服递上鞋子。

[4] 引扇加绵:夏天天热给扇扇子,冬天天冷给加棉衣。

楼台亭榭[1],

屋宇庭堂[2]。

洒扫污秽[3],

擦掸含光[4]。

注 释

[1] 亭榭:亭阁台榭。亭,有顶无墙的建筑物;榭,台上的房屋。

[2] 屋宇:房屋。 庭堂:庭院。

[3] 洒扫污秽:洒水扫除污垢。

[4] 擦掸含光:擦洗掸尘,保持光洁。

去奢尚俭[1],

记算节余[2]。

先筹预备[3],

撙节费糜[4]。

年积月累,

展业荣基[5]。

注 释

[1] 去奢尚俭:去除奢侈,崇尚节俭。

[2] 记算:记账和算账。

[3] 先筹:办事之前事先进行的筹划。

[4] 撙(zǔn)节:节省,节约。 费糜:浪费。这里指不能浪费。

[5] 展业:扩充发展家业。 荣基:此指荣耀门庭。

操持井臼[1],

起早眠迟。

寸阴荏苒[2],

空负吁欷[3]。

注 释

[1] 井臼(jiù):打水、舂米。指操持家务。

[2] 寸阴:短暂的光阴。 荏苒:(时间)渐渐过去。形容时光易逝。

[3] 空负:枉负,辜负。 吁欷(xū xī):叹息。这一句合起来是说,空度了时光,叹息也无济于事了。

女儿经

(明)佚名

在传统蒙学读物中,有一类是专门为女孩子撰写的。这类女子的蒙学读物,品种繁多,版本各异,影响最大的当推《女儿经》。《女儿经》是传统蒙学经典读本,是传统社会对女子进行思想道德教化的书。内容虽不外乎男尊女卑、三从四德、贞操节烈之类,但书中也有不少可供今天吸取的理念,诸如,提倡尊老爱幼、勤俭持家、宽以待人、注意礼貌礼节,等等。在今天促进和谐社会的建设中,女孩子们不妨读一读《女儿经》,从中汲取一些有益的营养。《女儿经》大约成书于明代,作者已无法确考。

凡笑话[1],莫高声[2]。

人传话[3],不要听。

注 释

[1] 笑话:这里指说说笑笑。

[2] 莫高声:不要声音太大。

[3] 人传话:人们之间说话时,把一方的话传到另一方。多指说长道短的是非之言。

夫子贵[1],莫骄矜[2]。

出仕日[3],劝清政[4]。

抚百姓[5],劝宽仁[6]。

注 释

[1] 夫子:古代妻子对丈夫的尊称。

  贵:地位显要。

[2] 骄矜:骄傲自负。

[3] 出仕日:出去做官的日子。

[4] 劝清政:劝说丈夫要清正廉洁,大公无私。

[5] 抚:安抚。

[6] 劝宽仁:劝说丈夫对百姓要宽容仁爱。

夫妇和[1]，**家道成**[2]。

妯娌们[3]，**要孝顺**[4]。

注 释

[1] 夫妇和：夫妻要和睦相处。

[2] 家道成：家庭和和美美。

[3] 妯娌：兄、弟之妻的合称。

[4] 孝顺：尽心奉养父母，顺从父母的意志。

事公姑,如捧盈[1]。

修己身,如履冰[2]。

注 释

[1] 事公姑,如捧盈:公姑,即公公和婆婆。这两句是说,侍奉公公婆婆,要像捧着装满水的盆子那样,小心谨慎。

[2] 修己身,如履冰:修身,陶冶身心,涵养德行。这两句是说,修养身心,就像踏在薄薄的冰上,随处要小心谨慎。

勤治家[1],过光阴[2]。
不伶俐[3],被人论[4]。

注 释

[1] 勤:这里是克勤克俭的意思。 治家:持家,管理家事。

[2] 过光阴:光阴,时间,岁月。过光阴,指过日子。

[3] 伶俐:机灵,灵活。

[4] 被人论:论,议论。被人论,让人家说长道短瞧不起。

里有言,莫外说[1]。

外有言,莫内传[2]。

注 释

[1] 里有言,莫外说:平时在家里说的话,不要轻易对外人说。这里指家长里短的是非话。

[2] 外有言,莫内传:在外边听到的话,也不要轻易往家里传。这里同样指家长里短的是非话。

名贤集

佚名

《名贤集》是一部语录体蒙学读物。它融汇了中国先贤的丰富的人生智慧,大量吸收了民间长期流传的修身处世、待人接物、读书治学、社会风情等方面的格言谚语,内容十分广泛,是古人智慧和经验的结晶。《名贤集》的作者和写作年代不详,从作品的内容和风格看,它大致出自南宋时期的儒者之手。在历史上有着广泛影响的《增广贤文》,就是后代学者对《名贤集》进行增补删削编成的。在形式上,《名贤集》为四言、五言、六言、七言的对偶韵文,读起来朗朗上口,便于童蒙背诵记忆。书中也有少量宣传迷信和世故的内容,这是应该剔除的封建糟粕。

谏之双美[1],

毁之双伤[2]。

赞叹福生[3],

作念祸生[4]。

注释

[1] 谏之双美:谏,规劝;美,善,好。这句是说,直言劝导对方的缺点对双方都有益。

[2] 毁之双伤:毁,诋毁,毁谤;伤,伤害,损害。这句是说,背后毁谤别人会使双方都受损害。

[3] 赞叹福生:赞美别人会给自己带来福气。

[4] 作念祸生:作念,心存坏的念头。这句是说,对别人起坏的念头会带来灾祸。

积善之家,

必有余庆。

积恶之家,

必有余殃[1]。

注 释

[1] 积善之家……必有余殃:出自《周易·坤卦》。余庆,留给子孙后辈的福泽。这四句的意思是,积德行善的人家,一定会给子孙留下福泽。积累了很多恶行的人家,一定会给子孙留下祸殃。

羊羔虽美,

众口难调[1]。

事要三思,

免劳后悔[2]。

注　释

[1] 羊羔虽美,众口难调(tiáo):羊羔,小羊,此指小羊的肉。调,调和,这里是烹调的意思。这两句是说,小羊羔的肉虽然鲜美,但也很难烹调得适合每一个人的口味。

[2] 事要三思,免劳后悔:遇到事情要再三思考,免得事后懊悔烦恼。

太子入学[1],

庶民同例[2]。

官至一品[3],

万法依条[4]。

注　释

[1] 太子:封建时代君主的儿子中被预定继承君位的人。　入学:学童初次进入学校读书。

[2] 庶民同例:庶民,平民百姓;例,规则,条例。这句是说,要和老百姓的孩子一样按规章办事。

[3] 一品:传统社会中官品的最高一级。

[4] 万法依条:万法,此指国家的各项法规条文;条,条款。这句是说,在国家的法规条文面前,也要按照条款去办。

得之有本[1],

失之无本[2]。

凡事从实[3],

积福自厚[4]。

注 释

[1] 得之有本:谁有了道德,就有了立身的根本。

[2] 失之无本:谁没有道德,就失去了立身的根本。

[3] 凡事从实:对一切事情都应采取老实的态度。

[4] 积福自厚:积福,积聚福运。这句是说,积聚的福运自然就会越来越多。

敏而好学,

不耻下问[1]。

注 释

[1] 敏而好学,不耻下问:出自《论语·公冶长》。敏,聪慧。下问,问于在己之下者。这两句是说,聪敏而又好学,不以向不如自己的人请教而感到羞耻。

得人一牛,

还人一马[1]。

老实常在[2],

脱空常败[3]。

注 释

[1] 得人一牛,还人一马:出自《太公家教》。是说得到人家的好处,要加倍报答。

[2] 常在:长久存在。

[3] 脱空常败:脱空,弄虚作假,虚假不实。这句是说,弄虚作假的人往往失败。

暗室亏心[1],

神目如电[2]。

肚里跷蹊[3],

神道先知[4]。

注 释

[1] 暗室：幽暗的内室，黑暗无光的房间。此指别人看不见的地方。 亏心：做了亏心的事。

[2] 神目如电：神目，神灵的眼睛。神目如电，神灵的眼睛像电光一样看得见。

[3] 跷蹊：奇怪，可疑。引申为心里产生坏念头。

[4] 神道先知：神道，神灵。这句是说，神灵也都会事先知道。

这几句虽有些迷信色彩，但对那些心存坏意或做了亏心事的人，却是严正警告。

人欲可断[1],

天理可循[2]。

心要忠恕[3],

意要诚实[4]。

注 释

[1] 人欲可断:人欲,私欲。断,戒除。这句是说,人的私欲可以戒除。

[2] 天理可循:天理,自然法则。这句是说,自然的规律应该遵循。

[3] 心要忠恕:恕,仁爱。这句是说,心地要忠诚仁爱。

[4] 意要诚实:意,用心,指待人的用心。这句是说,待人要真诚实在。

狎昵恶少，

久必受累[1]。

屈志老成，

急可相依[2]。

注 释

[1] 狎(xiá)昵恶少，久必受累：狎昵，亲昵，即行为不庄重，这里指品行不端。这两句是说，与品行不端的恶少交朋友，时间长了一定会受到牵连。

[2] 屈志老成，急可相依：屈志，抑制意愿，此指能够承受委屈；老成，稳重；急，危急；依，依托。这两句的意思是，和能够担当的老成人交朋友，在危急的时刻可以依托。

子孙虽愚[1],

诗书宜读[2]。

刻薄成家,

理无久辜[3]。

注 释

[1] 虽:连词。表示假设关系。相当于"即使"。 愚:愚笨。

[2] 诗书:指《诗经》和《尚书》。这里泛指儒家经典。 宜:应该。

[3] 刻薄成家,理无久辜:刻薄,苛刻冷酷;辜,通"固",固定,牢靠。这两句是说,用苛刻冷酷的不正当手段成就的家业,天理上也不能牢靠长久。

结有德之朋[1],

绝无义之友[2]。

常怀克己心[3],

法度要谨守[4]。

注 释

[1] 结:结交。 有德:道德品行高尚。

[2] 绝:断绝。 无义:不讲正义。

[3] 克己:克制私欲,严以律己。

[4] 法度:法令制度。 谨守:谨慎地遵从。

饶人不是痴[1],

过后得便宜[2]。

量小非君子[3],

无度不丈夫[4]。

注 释

[1] 饶人:宽容别人,让人。 痴:呆滞,犯傻。

[2] 过后:事后,以后。 便(pián)宜:好处。

[3] 量小:气量狭小。

[4] 无度:缺乏度量,胸襟狭小。 丈夫:犹言大丈夫。指有所作为的人。

君子喻于义，
小人喻于利[1]。

注 释

[1] 君子喻于义，小人喻于利：出自《论语·里仁》。君子，才德出众的人；喻，知晓，明白；义，道理；小人，识见浅狭的人；利，利益。这两句的意思是，君子明白做人的道理，小人只知道眼前的利益。

欲要夫子行,

无可一日清[1]。

三千徒众立,

七十二贤人[2]。

成人不自在[3],

自在不成人。

注释

[1] 欲要夫子行(xíng),无可一日清:夫子,这里指孔子;行,品行,德行;无可,不能;清,清闲。这两句是说,想要学到孔子的高尚德行,就不能有一日的清闲自在。

[2] 三千徒众立,七十二贤人:孔子有三千弟子,其中只有七十二位有才德的人。

[3] 成人不自在:要想成为德才兼备的人就不能安逸自得。

人无酬天之力[1],

天有养人之心[2]。

静坐常思己过[3],

闲谈莫论人非[4]。

注 释

[1] 酬天:报答上天。 力:力量,能力。

[2] 养人:养育众人。 心:这里指心意和能力。

[3] 常思:常常考虑,经常反思。 己过:自己的过失。

[4] 论:议论。 非:是非,过错。

人有旦夕祸福[1],

天有昼夜阴晴[2]。

君子当权积福[3],

小人仗势欺人[4]。

注 释

[1] 旦夕:早晚。 祸福:灾祸与福泽。

[2] 昼夜:白日和黑夜的交替。

阴晴:变化无常的阴天和晴天。

[3] 当(dāng)权:掌握大权。 积福:聚积

福运。

[4] 仗势欺人:凭借权势欺压别人。

临崖勒马收缰晚[1],
船到江心补漏迟[2]。

注 释

[1] 临崖:面对悬崖绝壁。 勒马收缰:拉紧缰绳止住奔马前行。

[2] 船到江心:船行驶到江河中心。补漏:补堵船体的破洞。 迟:晚。这两句告诫人们,做事必须先有准备,才能成功,不然将面临失败的厄运。

人活七十古来稀[1],

多少风光不同居[2]。

长江一去无回浪[3],

人老何曾再少年[4]。

注 释

[1] 人活七十古来稀:古时候人的寿命比较短,活到七十岁的已经很稀少了。

[2] 风光:这里指人生的美好时光。

不同居:居,停息。不同居,一去不回。

[3] 长江一去无回浪:长江滚滚向东奔流没有回头的浪。

[4] 何曾:何尝,几曾。 再少年:再度返回年轻的时候。

大道劝人三件事[1],

戒酒除花莫赌钱[2]。

言多语失皆因酒[3],

义断亲疏只为钱[4]。

注 释

[1] 大道:正道,常理。

[2] 除花:花,旧指妓女。除花,不玩弄妓女,即不嫖娼。 莫赌钱:不要赌博。

[3] 因:因为。

[4] 义断:情义断绝。 亲疏:亲友疏远。钱:钱财。这里指贪图钱财。

良言一句三冬暖[1]，
恶语伤人六月寒[2]。

注 释

[1] 良言一句三冬暖：良言，善意而有益的话；三冬，冬季三月，即冬季。这句是说，一句善意而有益的话让人在严冬也感到温暖。

[2] 恶(è)语伤人六月寒：恶语，无礼、中伤的话。这句是说，无礼、中伤的话让人在六月暑天也觉得心寒。

无名草木年年发[1],

不信男儿一世穷[2]。

注 释

[1] 无名草木年年发:无名,没有名字。发,萌发。这句的意思是,不知名字的小草野树年年春天都发芽。

[2] 不信男儿一世穷:一世,一辈子。这句是说,不相信七尺男儿会一辈子受穷。

增广贤文

(明)佚名

《增广贤文》原名《昔时贤文》,又称《古今贤文》,相传为明代一个儒生所撰,后经陆续增补,改称《增广贤文》。清代至民国年间,《增广贤文》曾经风靡全国,几乎家喻户晓,人人皆知。在形式上,《增广贤文》以韵文的方式,汇集编排历代先贤的名言警句、处世格言,并略加改造,使之通俗化。同时大量吸收民间俚语,或两句一联,或四句一节,简练流畅,便于记忆。其内容涵盖了礼仪道德、典章制度、为人处世、读书修身、生命感悟等诸多方面,很有启迪和警醒作用。由于该书编撰于传统社会,其中难免会有一些糟粕,这是我们阅读时需要加以注意的。

两人一般心[1],

无钱堪买金[2],

一人一般心[3],

有钱难买针[4]。

注 释

[1] 一般:相同,同样。

[2] 堪:能够,可以。

[3] 一人一般心:一个人一个心思。指不能同心协力。

[4] 有钱难买针:即使有钱也买不了一根针(干不成什么事)。

莺花犹怕春光老[1],
　岂可教人枉度春[2]。

注　释

[1] 莺花：啼叫的黄莺和盛开的鲜花。这里泛指春天美好的景色。　犹：还，尚且。怕：担心。　春光老：指春光易逝。

[2] 岂可：表示反诘。相当于"怎么可以"。教：使，令，让。　枉度春：白白地度过青春岁月。

莫信直中直[1],
须防仁不仁[2],
山中有直树,
世上无直人[3]。

注 释

[1] 莫信:不要相信。 直中直:指表面正直的所谓"正直的人"。

[2] 须防:必须防备。 仁不仁:指表面仁慈而内心虚伪的所谓"仁慈的人"。

[3] 世上无直人:是说世间根本没有正直的人。作者所宣称的这个观念是偏激的。其实,世间不乏正直的人,而且不少人也在学做正直的人。

一年之计在于春[1],

一日之计在于寅[2]。

一家之计在于和[3]。

一生之计在于勤[4]。

注 释

[1] 计:谋划,打算。

[2] 寅:寅时。旧时计时方法,指凌晨三点至五点。

[3] 和:和睦,和谐。

[4] 勤:勤谨劳苦,尽力多做。

士为国之宝[1],
儒为席上珍[2]。

注 释

[1] 士:士和儒基本是同义词。古代士为四民之首;儒指信奉儒家学说的人,古指学者,现均泛指知识分子。 国之宝:国家的宝贵财富。

[2] 席:此指筵席。 珍:珍馐美味。席上珍表达了对知识分子的高度尊重。

求人须求大丈夫[1],

济人须济急时无[2]。

渴时一滴如甘露[3],

醉后添杯不如无[4]。

注 释

[1] 求人:求别人帮助。 大丈夫:有志气、有节操、有作为的男子。

[2] 济人:接济别人。 急时:急难之中。

[3] 甘露:甘美的露水。古人认为甘露降,是太平瑞兆。

[4] 添杯:往酒杯里继续添酒。

有田不耕仓廪虚[1],

有书不读子孙愚[2]。

仓廪虚兮岁月乏[3],

子孙愚兮礼义疏[4]。

注释

[1] 仓廪(lǐn):贮藏米谷的仓库。 虚:空无所有。与"实"相对。

[2] 愚:愚昧无知。

[3] 兮:用于句中的助词,一般没有实际意义。 乏:贫乏,匮乏。

[4] 礼义:礼法道义。 疏:贫乏。

人不通今古,

马牛如襟裾[1]。

注 释

[1] 人不通今古,马牛如襟裾:通,懂得,通晓;襟裾,衣服的前襟或后襟,亦借指衣裳。这两句出自韩愈写给儿子的诗《符读书城南》。它的意思是,人如果不通晓古今,就像穿了衣服的马牛一样。说明有知识、懂礼义是多么重要。

水至清则无鱼,
人至察则无徒[1]。

注 释

[1] 水至清则无鱼,人至察则无徒:至清,极其清澈;至察,过于明察;徒,门徒,此指朋友。这两句出自《大戴礼记·子张问入官》。意思是,水过于清澈了,就不会有鱼,人过于明察了,也就不会有朋友了。它告诉人们,与人相处,不能过于苛求别人,过于苛求了,就不会有人和你相处了。

结交须胜己[1],

似我不如无[2]。

但看三五日,

相见不如初[3]。

注 释

[1] 结交:与人交往,建立情谊。 须:必须。 胜己:超过自己,比自己优秀。

[2] 似我:与自己差不多,和自己一样。

[3] 但看三五日,相见不如初:但,只要。这两句的意思是,只要过了三五天时间,再相见就会觉得不如刚认识时那么好了。

知足常足,

终身不辱[1]。

知止常止,

终身不耻[2]。

注 释

[1] 知足常足,终身不辱:终身,一生,一辈子;辱,羞辱。这两句的意思是,懂得满足的人时常觉得满足,一辈子都不会招致羞辱。

[2] 知止常止,终身不耻:止,适可而止;耻,羞耻。这两句的意思是,懂得适可而止的人经常能克制自己,一辈子都不会蒙受羞耻。

若登高必自卑,

若涉远必自迩[1]。

注　释

[1] 若登高必自卑,若涉远必自迩:卑,低处;迩,近处。这两句出自《中庸》:"君子之道,辟如行远,必自迩;辟如登高,必自卑。"意思是,君子所奉行的道,譬如行走远路,一定得从近处出发;就像登上高处,一定得从低处起步。

墙有缝[1],

壁有耳[2]。

好事不出门[3],

恶事传千里[4]。

注 释

[1] 缝(fèng):缝隙,裂缝。

[2] 壁有耳:指墙的背面有耳朵偷听。

[3] 不出门:指不容易传出门外。

[4] 恶(è)事传千里:恶事,坏事。这句是说,坏事很快就能传到千里之外。

人无远虑，
必有近忧[1]。

注 释

[1] 人无远虑，必有近忧：虑，考虑；忧，忧患。这两句出自《论语·卫灵公》。意思是，一个人如果没有长远的考虑，就一定会有眼前的忧患。

人生一世[1],

草生一春[2]。

黑发不知勤学早[3],

看看又是白头翁[4]。

注 释

[1] 人生一世:人活在世上一辈子。

[2] 草生一春:野草生长只有一个春天的时间。用来比喻生命的短暂。

[3] 黑发:黑色的头发。指青少年时期。

[4] 看看:估量时间之词。有渐渐、眼看着、转瞬间等意思。 白头翁:白发老人。

药能医假病[1],

酒不解真愁[2]。

注 释

[1] 药:药物。 医:医治,医疗。 假病:假装的病症。

[2] 酒:指饮酒。 不解:不能够排解。真愁:真正的忧愁。

受恩深处宜先退[1],

得意浓时便可休[2]。

莫待是非来入耳[3],

从前恩爱反为仇[4]。

注 释

[1] 受恩深处宜先退:深受恩宠时应该及时主动退让。

[2] 得意浓时便可休:浓,多,厚;休,罢休。这句的意思是,事业顺利,心情舒畅的时候应该适可而止,不要忘乎所以。

[3] 莫待:不要等到。 是非:此指矛盾纠纷。 入耳:传进了耳朵里。

[4] 从前恩爱反为仇:往日的恩宠就转变为怨恨了。

忍一句[1],

息一怒[2],

饶一着[3],

退一步[4]。

注 释

[1] 忍一句:忍住少说一句。

[2] 息一怒:停息一时的愤怒。

[3] 饶一着:饶,让。这句的意思是,让人家一着。

[4] 退一步:后退一步。

这四句话告诉人们,生活中要学会忍让的道理。人们常说的"退一步海阔天空"就是这个意思。

得宠思辱[1],

安居虑危[2]。

念念有如临敌日[3],

心心常似过桥时[4]。

注 释

[1] 得宠思辱:受到宠爱时要想到可能会受屈辱。

[2] 安居虑危:安居乐业时要考虑可能会有危险。

[3] 念念有如临敌日:念念,每一个念头。这句的意思是,每一个念头都要像面临大敌一样谨慎。

[4] 心心常似过桥时:心心,不断的思想念头,即每一个想法。这句的意思是,每一个想法总像过桥时一样小心,以防滑倒落水。

常将有日思无日[1],
莫把无时当有时[2]。

注 释

[1] 常将有日思无日:思,想。这句的意思是,经常在有吃有穿的时候想想缺吃少穿的日子。

[2] 莫把无时当有时:不要把穷困的日子当作富裕的日子过。

好言难得[1],

恶语易施[2]。

一言既出,

驷马难追[3]。

注 释

[1] 好言难得:说别人的好话很难得。

[2] 恶(è)语易施:恶语,无礼、中伤的话。这句的意思是,说别人的坏话非常容易。

[3] 一言既出,驷马难追:驷马,指驾一车之四马。这两句的意思是,一句话说出口,四匹马拉的车也追不回来。这里是说一个人言语要谨慎,说话要算数。

三人同行,

必有我师焉,

择其善者而从之,

其不善者而改之[1]。

注 释

[1] "三人同行"四句:出自《论语·述而》。这四句的意思是,三人同行,其中一定有人可以作为我的老师。我择取他们的优点而学习效法,看到他们的缺点就借鉴改正。

枯木逢春犹再发[1],
人无两度再少年[2]。

注 释

[1] 枯木:枯萎的老树。 逢:遇到。 犹:还能。 发:发芽,生长。
[2] 人无两度再少年:人不能拥有两次少年时期。

君子爱财[1],

取之有道[2]。

贞妇爱色[3],

纳之以礼[4]。

注 释

[1] 君子:泛指才德出众的人。

[2] 有道:此指有正当的方式、方法。

[3] 贞妇:贞洁的女性。 爱色:此指喜爱美貌。

[4] 纳之以礼:纳,穿着,装扮;礼,礼仪。这句的意思是,装扮要符合礼仪规范。

知音说与知音听[1],
不是知音莫与弹[2]。

注 释

[1] 知音:《列子·汤问》载,俞伯牙善弹琴,钟子期善听琴。伯牙弹到志在高山的曲调时,子期就说"峨峨兮若泰山";弹到志在流水的曲调时,子期又说"洋洋兮若江河"。钟子期死后,俞伯牙就不再弹琴了,因为没有人能像钟子期那样懂得他的琴声。后世遂称知己朋友为"知音"。

[2] 不是知音莫与弹:不是知己朋友就不弹琴给他听。

路不行不到[1],

事不为不成[2]。

人不劝不善[3],

钟不打不鸣[4]。

注 释

[1] 路不行不到：路不走就到不了目的地。

[2] 不为(wéi)：不做。 成：成功。

[3] 劝：劝导，劝说。 不善：不行善事。

[4] 鸣：发出声响。

惺惺常不足[1],
懵懵作公卿[2]。
众星朗朗,
不如孤月独明[3]。

注 释

[1] 惺(xīng)惺常不足:惺惺,聪明机灵。这句的意思是,聪明人常常意识到自己的不足。

[2] 懵(měng)懵作公卿:懵懵,糊里糊涂;公卿,三公九卿的简称,此处泛指高官。这句的意思是,糊涂人把自己看作高官。

[3] 不如:比不上。 孤月:指月亮。因明月独悬天空,故称孤月。 独明:更加明亮。

以上四句告诉人们,在社会生活中,人要学会正确认识自己,正确认识他人。

人老心未老,

人穷志莫穷[1]。

人无千日好,

花无百日红[2]。

注 释

[1] 人穷志莫穷:人生活上贫穷了但志气不能短缺。

[2] 人无千日好,花无百日红:千日、百日,均指时间长。这两句的意思是,人不可能总是一帆风顺,就像盛开的鲜花不可能保持长久不败。

平生只会量人短[1],
何不回头把自量[2]。
见善如不及,
见恶如探汤[3]。

注释

[1] 平生:一生,此生,有生以来。
量(liáng)人短:量,品评,议论;短,短处,缺点。量人短,议论别人的缺点。

[2] 何不:为什么不。表示反问。

[3] 见善如不及,见恶如探汤:出自《论语·季氏》。汤,沸水。这两句的意思是,看见好的事,就像自己赶不上那样努力追赶;看见不好的事,就像手伸进了沸水里那样赶快躲开。

蒿草之下[1],

或有兰香[2]。

茅茨之屋[3],

或有侯王[4]。

无限朱门生饿殍[5],

几多白屋出公卿[6]。

注　释

[1] 蒿草:草名。有青蒿、白蒿等。

[2] 兰香:兰草的香味。

[3] 茅茨:茅草盖顶的房屋。指简陋的住房。

[4] 侯王:即王侯。泛指显贵者。

[5] 无限朱门生饿殍(piǎo):许多富豪之家出现了饿死的人。

[6] 几多:多少,许多。　白屋:以茅覆盖的房屋。古代为平民所居。　公卿:王公九卿的简称。泛指高官。

富从升合起[1],

贫因不算来[2]。

家中无才子[3],

官从何处来[4]。

注　释

[1] 升合(gě):一升一合。比喻数量很小。

[2] 算:计算,筹划。此指精打细算。

[3] 才子:古称德才兼备的人。

[4] 官从何处来:当官的人从哪里来呢?

一毫之恶[1],

劝人莫作[2]。

一毫之善[3],

与人方便[4]。

注 释

[1] 一毫:一根毫毛。比喻很小。

恶(è):坏事,恶行。

[2] 莫(mò):不,不能。

[3] 善:善事,善行。

[4] 与人方便:也会给别人带来便利或帮助。

"一起成长"家庭阅读系列

教养子女必备·启蒙宝鉴

中

夏家善 编著

南开大学出版社
天 津

中册目录

重订增广贤文 …………〔清〕周希陶 255

训蒙增广改本 ………〔清〕硕果山人 269

太公家教 ………………〔唐〕佚　名 279

训蒙歌 …………………〔明〕庞尚鹏 289

劝孝歌 …………………〔清〕王中书 295

劝报亲恩篇 ………………… 佚　名 303

教儿经 ……………………… 佚　名 309

幼学琼林 ………………〔明〕程登吉 319

格言联璧 ………………〔清〕金兰生 377

初学备忘 ………………〔清〕张履祥 443

治家格言 ………………〔清〕朱用纯 479

重订增广贤文

(清)周希陶

《重订增广贤文》是清朝同治年间儒生周希陶对《增广贤文》进行修订而成的一部蒙学读物。周希陶认真研读了《增广贤文》,认为该书优点颇多,有阅读价值,但内容编排散乱,意思多有重复,他决计完善这部著作,进行重新修订。修订后的《增广贤文》,删去了意思重复的语句,又增加了一些新的内容,并按照平韵、上韵、去韵、入韵的分类进行重新编排。但是,由于他的儒生身份和思想立场的影响,修订后的《增广贤文》(被称为《重订增广贤文》),尽管内容较前文精确,也更符合儒家的礼义道德,但却失去了原《增广贤文》通俗易懂的特点,显出了较浓的学究味,因而拉开了与一般民众的思想距离,影响了它的流传。

知己知彼[1],

将心比心[2]。

责人之心责己[3],

爱己之心爱人[4]。

注 释

[1] 知己知彼:原为兵法用语。此指对自己和他人双方的优劣长短均能透彻了解。

[2] 将心比心:设身处地替别人着想,体贴别人。

[3] 责人:要求别人。 责己:要求自己。

[4] 爱己:关爱自己。 爱人:关爱别人。

志从肥甘丧[1]，
心以淡泊明[2]。

注　释

[1] 志：志气，志向。　肥甘：指肥美的食品。这里指贪图享乐。　丧(sàng)：丧失，失去。

[2] 心：内心。　以：因为。　淡泊：恬淡，不追名逐利。　明：明亮，敞亮。

博学而笃志,

切问而近思[1]。

少年不努力,

老大徒伤悲[2]。

注 释

[1] 博学而笃志,切问而近思:出自《论语·子张》。博学,广泛地学习;笃志,专心一致;切问,恳切请教;近思,思考习知易见的问题。

[2] 少年不努力,老大徒伤悲:出自汉乐府诗《长歌行》。这两句的意思是,少年时不奋发努力,到年老时只能空悲伤了。

用人不宜刻[1],

刻则思效者去[2];

交友不宜滥[3],

滥则贡谀者来[4]。

注 释

[1] 用人:使用人员。 不宜:不应该。

刻:苛刻,刻薄。

[2] 思效者:想要效力、尽忠的人。

去:离开。

[3] 交友:交结朋友。 滥:无选择地交友。

[4] 贡谀者:献媚讨好的人。

训子须从胎教始[1],

端蒙必自小学初[2]。

注　释

[1] 训子:教导训诫子女。　胎教:古人以为妇女怀孕后目不斜视,耳不听淫声,口不出傲言,夜则听诵诗书,以给胎儿良好的影响,谓之"胎教"。强调教子要早。　始:开始。

[2] 端蒙:端,正。蒙,蒙童。端蒙,以正道教导初学的儿童。　小学:古人把识字教育称为小学。　初:起始,开端。

不作风波于世上[1],

但留清白在人间[2]。

注　释

[1] 作(zuò):从事某种活动。　风波:兴风作浪,妄图做成某件大事以显名。于:介词。犹"在"。　世上:人世间。

[2] 但:只,仅。　清白:品行纯洁,没有污点。

成家犹如针挑土[1]，
　败家好似水推沙[2]。

注 释

[1] 成家:使家业兴旺。　犹如:如同。
针挑土:用针作扁担挑土。形容极其不容易。

[2] 败家:使家业败落。　好似:就像。
水推沙:猛烈的大水冲走了沙子。比喻极其容易。

为人要学大莫学小[1],

志气一卑污了[2],

品格难乎其高[3];

持家要学小莫学大[4],

门面一弄阔了[5],

后来难乎其继[6]。

注 释

[1] 为(wéi)人:做人处世接物。 大:指大度、大气。 小:指小气。

[2] 志气:意志和精神。 卑污:卑鄙龌龊。

[3] 品格难乎其高:品格就很难高尚。

[4] 持家:保持家业。 大:即大手大脚。

[5] 门面:犹场面,局面。 阔:豪奢,荣显。

[6] 后来难乎其继:以后就很难维继。

木受绳则直,

人受谏则圣[1]。

良药苦口利于病,

忠言逆耳利于行[2]。

注 释

[1] 木受绳则直,人受谏则圣:出自《尚书·说命上》:"惟木从绳则正,后(此指君主)从谏则圣。"这两句是说,木料经匠人的墨线量度就能取直,人接受别人的规劝才能圣明。

[2] 良药苦口利于病,忠言逆耳利于行:出自《史记·留侯世家》。这两句的意思是,好的药味道很苦却利于治病,正直的劝告听起来不顺耳却有利于端正人的行为。

贤者不炫己之长[1]，

君子不夺人所好[2]。

注 释

[1] 贤者：有才德的人。　炫：炫耀，夸耀。　长(cháng)：长处，优点。

[2] 君子：才德出众的人。　夺：强夺，夺取。　人所好(hào)：别人所喜好的。

芝兰生于深林[1],

不以无人而不芳[2]。

君子修其道德[3],

不为穷困而改节[4]。

注 释

[1] 芝兰:芝通"芷"。芷和兰皆为香草。

　　深林:茂密的树林。

[2] 不以:不因为。　芳:芳香。

[3] 修:修养。　道德:社会意识形态之一,是人们共同生活及行为的准则和规范。

[4] 改节:改变节操。

满招损,

谦受益[1]。

百年光阴[2],

如驹过隙[3]。

注 释

[1] 满招损,谦受益:出自《尚书·大禹谟》。意思是,自满招致损失,谦虚得到益处。

[2] 百年:指时间之长。 光阴:时间,岁月。

[3] 如驹过隙:驹,少壮的马。如驹过隙,像骏马在缝隙前飞快越过。比喻时间短暂,光阴易逝。

训蒙增广改本

(清)硕果山人

在明代的蒙学读物中,《增广贤文》是影响较大的一种,问世之后直到清末民初,曾经风靡全国,几乎家喻户晓,妇孺皆知。随之各种改本也相继而出,继周希陶的《重订增广贤文》之后,硕果山人的《训蒙增广改本》算是较有影响的一种。硕果山人是清代咸丰时人,他读《重订增广贤文》,认为它多口头俗语,涉持要言,以之训蒙,最易上口,厘订补缀之余,又以四言、五言、六言、七言及杂言重新编排,定名为《训蒙增广改本》。《训蒙增广改本》的内容,与《增广贤文》《重订增广贤文》无根本性的差异,也没脱开仪礼道德、修身处世、读书治学、人生感悟之类,只是又丰富了一些,篇幅也更长了一些,其表现形式,也是名言警句、处世格言以及谚语、俗语等并用,算得上《增广贤文》的补充本。书中也有一些封建糟粕,这是读者阅读时应该注意的。

观今宜鉴古,

无古不成今[1]。

读书须用意[2],

一字值千金[3]。

注 释

[1] 观今宜鉴古,无古不成今:鉴,镜子,多为青铜制成。引申为观察、借鉴的意思。这两句的意思是,认知今天应该借鉴古人,没有过去也就没有现在。

[2] 用意:用心研究。

[3] 一字值千金:据《史记·吕不韦列传》载,秦国丞相吕不韦组织门客编写《吕氏春秋》,书成后,把书公布于咸阳城门,声称如能有人增减一字,则赏给千金。后以"一字千金"称文章价值高。

天下无难事,

只怕有心人[1];

大德可回天[2],

君子能安命[3]。

注 释

[1] 天下无难事,只怕有心人:意思是,只要有决心,肯用心思,世上再困难的事也能办成。

[2] 大德:功德大的人。 回天:喻力量之大,能左右或扭转难以挽回的局势。

[3] 安命:安身立命。

自重不可自大[1],

自谦不可自卑[2]。

有才更要有德[3],

有守难于有为[4]。

注 释

[1] 自重:谨言慎行,尊重自己的人格。

自大:妄自尊大,自负。

[2] 自谦:自我谦逊。 自卑:轻视自己,认为自己太差,赶不上别人。

[3] 才:才能。 德:品德,德性。

[4] 守:维持。即安于现状,不思进取。

有为:有作为。

绳锯木断[1],

水滴石穿[2]。

大吃如小赌[3],

数不可细算[4]。

注　释

[1] 绳锯木断:比喻力量虽小,日久为之,也能做成看来很难办到的事情。

[2] 水滴石穿:水不断下滴,能把石头滴穿。比喻只要持之以恒,日久天长,自会做成难以想象的事情。

[3] 大吃:指大吃大喝,铺张浪费。

　　赌:赌博。即用钱财作注比输赢。

[4] 数:数目。

言最招尤[1],

心怕用错。

闲谈莫论人非[2],

静坐常思己过[3]。

注 释

[1] 言:言语,说话。　招尤:招致他人的怪罪或怨恨。

[2] 闲谈:没有一定中心地谈无关紧要的话。　人非:别人的是非或过错。

[3] 己过:自己的过失或错误。

不因渔父引,

怎得见波涛[1]。

得人点水之恩,

须当涌泉而报[2]。

注 释

[1] 不因渔父引,怎得见波涛:因,凭借。这两句的意思是,不凭借渔父的引导,怎么能见到波涛。这两句强调借助外力的重要性,但所有的外力都不能取代自身的努力。

[2] 得人点水之恩,须当涌泉而报:这两句的意思是,得到别人微薄的恩惠,都必须给予丰厚的报答。

家有贤妻[1],

男儿不遭横事[2]。

王法始于阃门[3],

家齐而后国治[4]。

注 释

[1] 贤妻:贤惠的妻子。

[2] 男儿:丈夫。 横(hèng)事:意外的事故或灾祸。

[3] 王法:国家的法令。 阃门:门前的栅栏。这里指家中。

[4] 家齐而后国治:此句是说家庭治理得好,然后国家才能得到治理。

糟糠之妻不下堂[1]，
贫贱之交不可忘[2]。

注 释

[1] 糟糠之妻不下堂：语出《后汉书·宋弘传》。意思是说，贫困时与之共食糟糠的妻子不可遗弃。后因以"糟糠"称曾共患难的妻子。

[2] 贫贱之交：亦作"贫贱之知"。贫贱时的知交好友。

太公家教

(唐)佚名

《太公家教》是中唐至宋初最盛行的蒙学读物之一。作者已无可查考。关于本书的得名,有两种说法:一说太公即曾祖的别称,"太公家教"即曾祖遗教之意;一说书中有"太公未遇,钓鱼渭水"的话,故取太公二字作书名。从行文看,第一种说法比较符合实际。《太公家教》全书三千多字,内容涉及修身处世、养亲教子、尊师敬师、结交朋友、知恩必报、戒酒,等等。这些内容在当时有实际意义,今天读来,仍有诸多可借鉴之处。

知恩报恩[1]，风流儒雅[2]；有恩不报[3]，岂成人也[4]？

注　释

[1] 知恩报恩：知晓别人对自己的恩惠就要报答。
[2] 风流：洒脱放逸，风雅潇洒。　儒雅：博学的儒士或文人雅士。
[3] 有恩：得到了恩惠。
[4] 岂成人也：难道还算人吗？

孝心事父[1]，晨省暮看[2]；知饥知渴，知暖知寒；忧时共戚[3]，乐时同欢[4]。

注 释

[1] 孝心：对双亲长辈孝敬的心意。
  事：侍奉。
[2] 晨省(xǐng)：早晨向父母问安。
  暮看：晚上去看望父母。
[3] 忧：忧愁。　戚：悲伤，难过。
[4] 乐：快乐，欢乐。　欢：喜悦。

丈夫好酒[1]，揎拳捋肘[2]，行不择地[3]，言不择口[4]，触突尊卑[5]，斗乱朋友。

注　释

[1] 丈夫：指成年男子。　好(hào)酒：嗜好饮酒。此指饮酒至醉。

[2] 揎(xuān)拳捋(luō)肘：亦作"揎拳捋袖"。捋起衣袖，伸出拳头，准备与人动武。

[3] 行(xíng)不择地：指做事不选择场合。

[4] 言不择口：说话不加选择，随口而出。

[5] 触突：触犯，冒犯。　尊卑：指长辈或晚辈。

君子之怀[1],

有如大海[2],

博纳众川[3],

宽则得众[4]。

注 释

[1] 君子:才德出众的人。 怀:胸怀,怀抱。
[2] 有如:犹如,就像。
[3] 博纳:广泛地容纳。 众川:众多的河流。指能容人。
[4] 宽则得众:胸怀广大,能使众人信服。

明珠不营[1]，

焉放其光[2]；

人生不学[3]，

言不成章[4]。

注 释

[1] 明珠：光泽晶莹的珍珠。 不营：不管理。即不擦拭。

营：通"莹"。磨治。

[2] 焉：疑问代词。相当于"怎么"。

[3] 人生：指人的一生。

[4] 言不成章：说话不能表达内心的意思。

小而学者[1],如日出之光[2];长而学者[3],如日中之光[4];老而学者[5],如日暮之光[6];老而不学,冥冥如夜[7]。

注 释

[1] 小而学者:年幼就学习的人。

[2] 如:像。 日出之光:指太阳刚刚升起的时候。比喻事物有广阔的发展前途。

[3] 长(zhǎng):相比之下年纪大。这里指中年人。

[4] 日中之光:指太阳到了正午。比喻事物发展到十分兴盛的阶段。

[5] 老:老年人。

[6] 日暮之光:指太阳将落的时候。比喻事发展到即将结束的阶段。

[7] 冥冥:昏暗的样子。

人无良友[1],不知行之得失[2],是以结交朋友[3],须择良贤[4]。

注 释

[1] 良友:品行端正的朋友。

[2] 行(xíng):行为。 得失:得与失。此指是非曲直,正确与错误。

[3] 是以:因此,所以。

[4] 择:选择。 良贤:此指贤能有德的朋友。

慎是护身之符[1],

谦是百行之本[2]。

注 释

[1] 慎:谨慎。 护身符:道士或巫师所画的符或被念过咒语的物件。据说带在身上可以辟邪消灾。这里喻指借以庇护的人或事物。

[2] 谦:谦虚。 百行(xíng):各种品行。本:根本。

训蒙歌

(明)庞尚鹏

《训蒙歌》附于《庞氏家训》之后。它的作者是明代庞尚鹏。庞尚鹏身为官吏,性情耿直,体恤百姓,重视对子女的家庭教育。这首《训蒙歌》是以韵文形式撰写的一篇蒙学读物。它以树上的果子为喻,教育子女读书明理,修养品德,以便成为国家有用之人。全文不足百字,行文生动形象,好懂易记。

幼儿曹[1],听教诲[2]。

勤读书,要孝悌[3]。

学谦恭[4],循礼义[5]。

节饮食[6],戒游戏[7]。

注 释

[1] 幼儿曹:年幼的后辈,孩子们。

[2] 听:听从。 教诲:教导,训诲。

[3] 孝悌:亦作"孝弟"。孝顺父母,敬爱兄长。

[4] 谦恭:谦虚恭敬。

[5] 循:遵循。 礼义:礼法道义。

[6] 节:节制。

[7] 戒:戒除。这里是节制的意思。

毋诳言[1]，毋贪利[2]，
毋任情[3]，毋斗气，
毋责人[4]，但自治[5]。

注 释

[1] 毋：不要。 诳（kuáng）言：说谎话。

[2] 贪利：贪求利益。

[3] 任情：任意，恣意。

[4] 责人：埋怨别人以推卸责任。

[5] 但：只，仅。 自治：修养自身的德行。

能下人[1],是有志[2];
能容人[3],是大器[4]。

注　释

[1] 下人:从人下之人做起。

[2] 有志:有志气,志气大。

[3] 容人:待人宽厚。

[4] 大器:比喻有大才、能担当的人。

凡做人,在心地[1]。

心地好,是良士[2]。

心地恶[3],是凶类[4]。

譬果树,心是蒂[5]。

蒂若坏,果必坠[6]。

注 释

[1] 心地:此指内心。

[2] 良士:贤人。

[3] 恶(è):坏。

[4] 凶类:凶恶的人。

[5] 蒂(dì):花或瓜果与枝茎相连接的部分。

[6] 坠:落下。指果实因蒂坏未到成熟就坏掉落下。

劝孝歌

(清)王中书

《劝孝歌》是一首劝勉子女孝敬父母的歌谣。它的作者是王中书,其生平不详,成书年代也无可查考。《劝孝歌》用通俗浅显的语言,劝勉引导子女牢记父母养育之恩,身体力行,敬亲孝亲,写得情真意切,深刻感人。书中虽也宣扬了一些封建思想,但只要有分析地进行阅读,对今天的青少年也会很有教益。

孝为百行首[1],

诗书不胜录[2]。

富贵与贫贱,

俱可追芳躅[3]。

注 释

[1] 百行(xíng):各种品行。 首:第一。

[2] 诗书:本指《诗经》和《尚书》。这里泛指古代各种书籍。 不胜:不尽。 录:记载。

[3] 俱:都。 芳躅(zhuó):前贤的踪迹。

子出未归来[1],

倚门继以烛[2]。

儿行十里程[3],

亲心千里逐[4]。

注 释

[1] 未归来:未能按时回家。

[2] 倚门:靠着门。此指站在门口张望等待。 烛:点灯。此指不眠而待。

[3] 儿行十里程:儿子外出哪怕仅仅十里路。

[4] 亲心千里逐:亲心,父母的心;逐,追逐。这句的意思是,母亲的心追逐千里,把儿牵挂。

人不孝其亲，

不如禽与畜[1]。

慈乌尚反哺[2]，

羔羊犹跪足[3]。

注 释

[1] 禽畜(chù)：禽兽牲畜。

[2] 慈乌反哺：乌鸦雏鸟长成，衔食喂养其母。比喻报答亲恩。

[3] 羔羊跪足：小羊羔跪着吃母乳。比喻孝道。

人不孝其亲,

不如草与木。

孝竹体寒暑[1],

慈枝顾本末[2]。

注 释

[1] 孝竹:又称慈竹、义竹、子母竹。丛生,一丛或多至数十百竿,根窠盘结,四时出笋。竹高二丈许。新竹旧竹密结,高低相依。用以喻母慈子孝。

[2] 慈枝:树枝下垂飘曳,似在庇护树干树根,称为慈枝。比喻孝子不忘其本。

勿以不孝首[1],
枉戴人间屋[2];
勿以不孝身,
枉着人间服[3];
勿以不孝口,
枉食人间谷。
天地虽广大,
难容忤逆族[4]。

注 释

[1] 首:头。这里指人。

[2] 枉:徒然,白白地。 戴:加在头上。这里指居住。

[3] 着:穿。 服:衣服。

[4] 忤(wǔ)逆:不孝敬父母。 族:群。这里指人。

及蚤悔前非[1],

莫待天诛戮[2]。

万善孝为先[3],

信奉添福禄[4]。

注 释

[1] 及蚤:蚤,通"早"。及蚤,及早,赶快。悔:悔悟,醒悟。

[2] 莫(mò)待:不要坐待。 诛戮(lù):诛杀。这里是惩罚的意思。

[3] 万善:千万种美德。

[4] 信奉:相信并奉行。 福禄:福分和禄位。

劝报亲恩篇

佚名

《劝报亲恩篇》是一部专门劝人行孝的蒙学读物。孝悌是儒家伦理道德思想的核心,只有孝的观念深入人心,才能形成尊老敬老的优良传统,本书的可贵之处也正是在这里。但书中所倡导的带有浓重封建思想的孝道,则是不可取的。本书的作者和成书年代已无可查考。

自古忠臣多孝子,君选贤臣举孝廉[1]。要问如何把亲孝[2],孝亲不止在吃穿[3]。孝亲不教亲生气,爱亲敬亲孝乃全[4]。

注 释

[1] 孝廉:孝,指孝悌者;廉,清廉之士。分别为统治阶级选拔人才的科目,始于汉代,在东汉尤为求仕者必由之途,后往往合为一科。亦指被推选的士人。

[2] 亲:父母。

[3] 不止:不仅,不限于。

[4] 敬亲:尊敬、尊重父母。 乃:才。

孝贵诚心无它妙[1],孝字不分女共男[2]。男儿尽孝须和悦,妇女尽孝多耐烦。爹娘面前能尽孝,一孝就是好儿男。翁婆身上能尽孝[3],又落孝来又落贤[4]。和睦兄弟就为孝,这孝叫做顺气丸。和睦妯娌就是孝[5],这孝家中大小欢。男有百行首重孝[6],孝字本是百行原[7]。

注 释

[1] 妙:奥妙。
[2] 共:同,跟。
[3] 翁婆:公公、婆婆。
[4] 落(luò):得到。
[5] 妯(zhóu)娌:兄、弟之妻的合称。
[6] 百行(xíng):各种品行。
[7] 原:本原,根本。

孝字正心心能正[1],孝字修身身能端[2],孝字齐家家能好[3],孝字治国国能安[4]。天下儿孙尽学孝,一孝就是太平年[5]。

注释

[1] 正(zhèng)心:使人心归向于公正。

正:(第二个正)指端正。

[2] 修身:陶冶身心,涵养德行。

端:端正。

[3] 齐家:治家。

[4] 安:安定,安宁。

[5] 太平年:时世安宁和平。

休说自己劳苦大[1],爹娘劳苦更在先[2]。人子一日长一日[3],爹娘一年老一年。劝人及时把孝尽,兄弟虽多不可扳[4]。若待父母去世后[5],想着尽孝难上难。

注 释

[1] 休说:不要说。

[2] 在先:时间在前。

[3] 人子一日长一日:人子,指子女。这句是说,子女一天比一天长大。

[4] 扳(pān):同"攀"。攀比。

[5] 若待:如果等到。

教儿经

佚名

《教儿经》成书年代及作者均不可考。这部启蒙读物适用于农家子弟。全书内容,从农事到商事,从持家到修身,从婚嫁到教子、养亲,从家庭和睦到邻里关系,都做了具体的规范,写得全面具体,有理有证,好读好懂,很有实用性。但书中宣传的天命论思想,则是今天应该剔除的封建性糟粕。

读书须把书为事[1],

切莫学内哄先生[2],

哄了先生欺了己[3],

纸糊棺材怎瞒人[4]。

注 释

[1] 为(wéi)事:当成一项任务去干。

[2] 切(qiè)莫:务必不要。

哄(hǒng):欺骗。

[3] 欺:欺骗。

[4] 纸糊棺材怎瞒人:纸糊的棺材终究会露出破绽,哄骗不了别人。

读得书多无价宝[1],

一字不识好伤心[2],

别人写字不认得,

痴眉痴眼望着人[3]。

注 释

[1] 无价宝:此指极其珍贵。

[2] 一字不识:连一个字也不认得。

[3] 痴眉痴眼:神情迟钝呆滞。这里有呆若木鸡的意思。

庄稼收完无事干[1],

些小生意做几分[2],

莫夸家财有万贯[3],

从来坐吃山也崩[4]。

注 释

[1] 庄稼:农作物(多指地里的粮食作物)。

[2] 些小:微小。

[3] 万贯:一万贯铜钱。形容家资富有。

[4] 坐吃山崩:同"坐吃山空"。意思是,只消费,不生产,即使财产堆积如山,也会吃光用尽。

勤俭二字黄金本[1],

几个懒惰把家成,

男不耕读女不纺[2],

纵有祖业不能登[3]。

注　释

[1] 勤俭二字黄金本:勤俭两个字是积累财富的本钱。

[2] 耕读:种田和读书。　纺:这里指纺线织布。

[3] 祖业:祖上留下的产业。　不能登:不登,原指歉收。不能登,这里指不可能长期富有。

万事劝君休瞒昧[1],

举头三心细思明[2],

过一天来要两想[3],

想前思后莫欺心,

心口如一终久好[4],

口是心非难为人[5]。

注 释

[1] 休:不要。 瞒昧:隐瞒欺骗。

[2] 举头:抬头。 三心:佛教称过去心、现在心、未来心为三心。 思明:考虑明白,想仔细。

[3] 两想:即下一句说的"想前、思后"。

[4] 终久:犹终究。毕竟,终归。

[5] 口是心非:嘴里说的是一套,心里想的又是一套,心口不一。 为(wéi)人:做人。

存心自有人知道[1],

切莫错过好光阴[2],

寸金失了有寻处[3],

失却光阴无处寻[4]。

注 释

[1] 存心:专心,用心着意。

[2] 好光阴:大好岁月,宝贵时间。

[3] 寻处:有地方寻找。

[4] 失却:失掉。

一寸光阴一寸金[1],

寸金难买寸光阴[2],

男男女女各人想[3],

兴家立业才算人[4]。

注 释

[1] 一寸光阴一寸金:俗谚。是说时间非常宝贵。

[2] 寸金难买寸光阴:极言时间宝贵。

[3] 男男女女:成群的男女。言男女人数众多。 各人想:每个人都有自己的打算。

[4] 兴家立业:振兴门庭,建立家业。才算人:才算事业上的成功之人。

兄弟同心家必兴[1],

妯娌和顺奉双亲[2],

若是不把父母敬[3],

后来子孙照样行[4]。

注 释

[1] 兴:兴旺发达。

[2] 妯娌:兄、弟之妻的合称。 奉双亲:侍奉公婆。

[3] 敬:孝敬。

[4] 后来子孙照样行(xíng):后辈人也照着前辈人的样子做。

幼学琼林

（明）程登吉

《幼学琼林》是中国旧时蒙学读本。明朝程登吉著。原名《幼学须知》,清朝嘉庆年间,经邹圣脉增补,改名《幼学琼林》。邹圣脉取书名为"琼林":其一,唐德宗设有私家书库"琼林库",此中藏书丰富;其二,宋代有皇帝设宴款待新科进士的"琼林苑"。以"琼林"命名,表达了作者对童蒙们寄有的殷切期盼。《幼学琼林》全书共四卷,分三十三类。它博采自然、社会、历史、伦理等方面的知识典故,编为骈语,内容极其丰富,称得上是一部百科全书。可以说,在中国传统蒙学读物中,编写得最好的,大概要数《幼学琼林》了。这部蒙学读本,在明代以后,风行全国各地,可谓家喻户晓,妇孺皆知,在社会上产生了极大影响。由于时代的局限,《幼学琼林》也有一些封建糟粕,如"三纲五常""重男轻女""贞洁烈女"等,这是我们阅读时应该摒弃的。

披星戴月[1],
谓早夜之奔驰[2];
沐雨栉风[3],
谓风尘之劳苦[4]。

注　释

[1] 披星戴月:身上披着星光,头上顶着月亮。形容早出晚归或日夜劳苦。

[2] 谓:意思指,说的是。　早夜:日夜,终日。　奔驰:忙碌奔走。

[3] 沐雨栉风:用雨水洗头,用风梳头发。形容奔波劳苦,不避风雨。

[4] 风尘:行旅辛苦劳顿。

心多过虑[1],

何异杞人忧天[2];

事不量力[3],

不殊夸父追日[4]。

注 释

[1] 心多过虑:猜疑心重,思虑过多。

[2] 何异:用反问的语气表示与某物某事没有什么不同。 杞人忧天:据《列子·天瑞》载,相传杞国有个人怕天塌下来,愁得寝食不安。后以此比喻不必要的忧虑。

[3] 事不量力:做事不根据自己的能力(盲目行动)。

[4] 不殊:没有区别,一样。 夸父追日:夸父是神话人物。他立志追赶太阳,终因心力不足渴死在太阳入口处,没有追上太阳。事见《列子·汤问》。

沧海桑田[1],

谓世事之多变[2];

河清海晏[3],

兆天下之升平[4]。

注 释

[1] 沧海桑田:大海变成农田,农田变成大海。比喻世事变化巨大。
[2] 世事:世上的事。
[3] 河清海晏:河,指黄河;晏,平静。这句是说,黄河的水变清了,大海也波平了。比喻天下太平。
[4] 兆:征兆,预兆。　升平:太平。

凭空起事[1],

谓之平地风波[2];

独立不移[3],

谓之中流砥柱[4]。

注 释

[1] 凭空起事：无缘无故地生出事端。

[2] 谓：称之为。 平地风波：语出刘禹锡《竹枝词》："常恨人心不如水,等闲平地起波澜。"后以"平地风波"比喻意外的纠纷或事故。

[3] 独立不移：此指一个人坚定不移地维持局面。

[4] 中流砥柱：语出《晏子春秋》。砥柱,是屹立于黄河激流中的砥柱山。后以"中流砥柱"比喻坚强而能起支柱作用的人或集体。

事先败而后成[1],
曰失之东隅,
收之桑榆[2];
事将成而终止,
曰为山九仞,
功亏一篑[3]。

注 释

[1] 先败后成:开头失败而最终获得成功。

[2] 失之东隅,收之桑榆:东隅,日出之处;桑榆,落日余光所照处。这两句是说,开头虽有失败但最终得到补偿。

[3] 为山九仞,功亏一篑:九仞,极言其山高;亏,欠缺;篑,盛土的筐子,这里指用筐装的土。这两句是说,堆九仞高的山,最后只差一筐土而没能完成。

秦人岁终祭神曰腊[1],

故至今以十二月为腊[2];

始皇当年御讳曰政[3],

故至今读正月为征[4]。

注 释

[1] 秦人:秦朝时候的人。 岁终:年终。腊:祭名。古代称祭百神为"蜡",祭祖先为"腊";秦汉以后统称"腊"。

[2] 腊:腊月。

[3] 始皇:指秦始皇,即嬴政。秦王朝的建立者。 御讳:皇帝的名字需要避讳,所以用"御讳"指代皇帝的名字。政:指嬴政。

[4] 征:即"正",这里读 zhēng。

月光都尽谓之晦[1],三十日之名[2];月光复苏谓之朔[3],初一日之号[4];月与日对谓之望[5],十五日之称[6]。

注释

[1] 晦:农历每月的最后一天。

[2] 三十日:指农历。

[3] 复苏:指每月月光尽后,下一个月月初开始恢复。 朔:农历每月初一。

[4] 初一日:指农历。 号:别称。

[5] 月与日对:月亮与太阳遥遥相对。 望:月圆,农历每月十五。

[6] 十五日:指农历。 称:别称。

月有三浣[1]:

初旬十日为上浣[2],

中旬十日为中浣[3],

下旬十日为下浣[4]。

注 释

[1] 月:指每个月。 三浣(huàn):唐制,官吏十日一休沐,沐就是浣濯,即通常所说的洗澡。后来对一个月上旬、中旬、下旬,亦称上浣、中浣、下浣,合称三浣。

[2] 初旬:即上旬。每月的头十天。

[3] 中旬:一个月的中间十天,即从十一到二十日。

[4] 下旬:每月二十一日到月底的日子。

自愧无成[1],
　日虚延岁月[2];
与人共语[3],
　日少叙寒暄[4]。

注　释

[1] 自愧无成:自感没有成就而惭愧。

[2] 曰:称为,叫作。　虚延:虚度。

[3] 与人共语:和人见面说客套话。

[4] 少:稍稍。　寒暄:见面时问候起居冷暖的客套话。暄,温暖。

韶华不再[1],

吾辈须当惜阴[2];

日月其除[3],

志士正宜待旦[4]。

注 释

[1] 韶华:美好的时光。此指美好的年华。

不再:不重复第二次。

[2] 惜阴:珍惜光阴。

[3] 日月其除:时光在慢慢地逝去。

[4] 志士:有志之士。 待旦:等待天明。

形容不松懈斗志。

官天下[1],
乃以位让贤[2];
家天下[3],
是以位传子。

注 释

[1] 官天下:就是以天下为公有,传位给贤人。官,公有。

[2] 乃:就是。 位:指王位。 让贤:让位给有贤德的人。

[3] 家天下:指帝王把国家作为自己一家的私产,世代相传。家天下始于夏代的大禹。

战胜而归[1],

谓之凯旋[2];

战败而走[3],

谓之奔北[4]。

注 释

[1] 战胜:在战争中取胜。 归:指士兵战后回营。

[2] 凯旋:战争获胜,军队奏着得胜乐曲归来。亦泛指获胜归来。

[3] 战败:在战争中失败。 走:指败兵逃跑。

[4] 奔北:败逃。

父母俱存[1],
谓之椿萱并茂[2];
子孙发达,
谓之兰桂腾芳[3]。

注 释

[1] 俱存:都健在。

[2] 椿萱(xuān)并茂:比喻父母都健在。椿,即椿树。据《庄子·逍遥游》记载,上古有一棵叫大椿的神树,极长寿,所以后来称父亲为椿。萱,即萱草。据《博物志》记载,萱草又叫宜男草,古代妇女常佩带以祈求生男孩,后来便称母亲为萱。

[3] 兰桂腾芳:兰桂,兰和桂。二者皆有异香,常用以比喻美才盛德或君子贤人,这里比喻子孙。兰桂腾芳,比喻子孙兴旺发达。

慈母望子[1],

倚门倚闾[2];

游子思亲[3],

陟岵陟屺[4]。

注 释

[1] 望子:盼望儿子归来。

[2] 倚门倚闾(lǘ):闾,里巷的大门。倚门倚闾,指母亲盼望儿子归来的殷切心情。

[3] 游子:离家远游的人。 思亲:思念父母。

[4] 陟岵(zhì hù)陟屺(qǐ):《诗经·魏风·陟岵》中有"陟彼岵兮,瞻望父兮","陟彼屺兮,瞻望母兮"的句子。陟,登;岵,有草木的山;屺,无草木的山。后来用"陟岵陟屺"表示游子对父母的思念之情。

冰生于水而寒于水[1],
比学生过于先生[2];
青出于蓝而胜于蓝[3],
谓弟子优于师傅[4]。

注　释

[1] 冰生于水而寒于水:语出《荀子·劝学》。后以"冰寒于水"指后来居上。

[2] 比:比喻。　过:超过。

[3] 青出于蓝而胜于蓝:语出《荀子·劝学》。是说青从蓝草中提炼出来,但颜色比蓝草更深。后因以"青出于蓝"比喻学生胜过老师,或后人胜过前人。

[4] 优:胜过。　师傅:老师的统称。

弟子称师之善教[1],

曰如坐春风之中[2];

学业感师之造成[3],

曰仰沾时雨之化[4]。

注 释

[1] 弟子:学生。 称:称赞,赞扬。善教:教导有方。

[2] 如坐春风:宋朝的朱光庭在汝川拜见了程颢,回家后对人说:"我在春风中坐了一月。"后用以比喻与品德高尚而有学识的人相处并受其熏陶。

[3] 感:感激,感谢。

[4] 仰:敬慕。 沾:受益。 时雨之化:比喻及时得到老师的教育和栽培。时雨,应时的雨水。

尔我同心曰金兰[1]，
朋友相资曰丽泽[2]。

注 释

[1] 尔我：你和我。 同心：共同的心愿。金兰：《易经·系辞上》中有"二人同心，其利断金；同心之言，其臭如兰"的句子。金兰，形容心愿相同的朋友。

[2] 相资：相互帮助。 丽泽：两个沼泽相连。《易经·兑》中有"丽泽，兑，君子以朋友讲习"的话。意思是说，两个沼泽相连，相互滋益，朋友讲习（讲论道理，研习学业），其象如此。后以"丽泽"比喻朋友间相互切磋、帮助。

心志相孚为莫逆[1]，

老幼相交曰忘年[2]。

注 释

[1] 心志相孚(fú)：心意相通，以诚相待。为(wéi)：称作。 莫(mò)逆：语出《庄子·大宗师》。指彼此志同道合，交谊深厚。

[2] 老幼相交：老年人和年轻人交朋友。忘年：即忘年交。指以德才相契，不拘年龄、行辈而结成的朋友。

与善人交[1],

如入芝兰之室[2],

久而不闻其香;

与恶人交[3],

如入鲍鱼之肆[4],

久而不闻其臭。

注 释

[1] 善人:善良的人,有道德的人。

交:交往,结交朋友。

[2] 芝兰:芝通"芷"。芝兰,芷和兰。皆为香草。

[3] 恶(è)人:坏人,行为不端的人。

[4] 鲍鱼:盐浸海鱼,其味腥臭。

肆:店铺,集市。

肝胆相照[1],

斯为腹心之交[2];

意气不孚[3],

谓之口头之交[4]。

注 释

[1] 肝胆相照:比喻朋友之间真诚相待。

[2] 斯:此,这。 腹心:犹言至诚之心。即极其真心诚意。

[3] 意气不孚:志趣不同。孚,相应,符合。

[4] 口头之交:表面亲密,其实并没有深厚情谊的朋友。

伯牙绝弦失子期[1],

更无知音之辈[2];

管宁割席拒华歆[3],

谓非同志之人[4]。

注 释

[1] 伯牙绝弦:俞伯牙善弹琴,钟子期善听琴。钟子期死后,伯牙因无知音,就把琴弦拉断了,从此不再弹琴。

[2] 更无:再也没有。 知音:知己,同志。辈:同一类的人。

[3] 管宁割席:东汉人管宁,与好友华歆同席读书。有乘华车的高官经过,管宁照样读书,华歆却放下书去观看。于是,管宁割席分坐,说:"你不再是我的朋友了。"后以"管宁割席"比喻朋友绝交。

[4] 同志:志向相同的好朋友。

帝女乃公侯主婚[1]，
故有公主之称[2]；
帝婿非正驾之车[3]，
乃是驸马之职[4]。

注 释

[1] 帝女：皇帝的女儿。　公侯：公爵与侯爵。泛指有爵位的贵族和官高位显的人。　主婚：主持婚姻。

[2] 故：所以。　公主：帝王、诸侯之女的称号。

[3] 帝婿：皇帝的女婿。　正驾：正面居中的车驾。

[4] 乃是：就是。　驸马：驾副车的马。皇帝女婿皆加驸马都尉称号，简称驸马。

松柏节操[1],
　美其寿元之耐久[2];
桑榆晚景[3],
　自谦老景之无多[4]。

注 释

[1] 松柏节操:松树与柏树皆常青不凋谢,是志向操守坚贞的象征,这里比喻人的长寿。

[2] 美:赞美。　寿元:寿命,寿数。　耐久:能够经久。这里指寿命长。

[3] 桑榆晚景:亦作"桑榆暮景"。夕阳斜照桑树榆树时的黄昏景象,比喻人的垂老之年。

[4] 自谦:自我谦逊。　老景:晚年。无多:此指来日不多。

受人牵制曰掣肘[1],

不知羞愧曰厚颜[2]。

注 释

[1] 牵制：约束，控制。 掣(chè)肘：是说别人做事而从旁牵制。
[2] 羞愧：羞耻和惭愧。 厚颜：脸皮厚，不知羞耻。

好生议论[1],

日摇唇鼓舌[2];

共话衷肠[3],

日促膝谈心[4]。

注 释

[1] 好(hào)生议论:喜欢乱发议论。

[2] 摇唇鼓舌:形容利用口才进行煽动或游说。

[3] 衷肠:犹衷情。内心的感情。

[4] 促膝谈心:两人对坐,靠得很近谈心里话。

恐惧过甚[1],

曰畏首畏尾[2];

感佩不忘[3],

曰刻骨铭心[4]。

注 释

[1] 过甚:过分,过度。

[2] 畏首畏尾:前也怕,后也怕。比喻顾虑重重。

[3] 感佩:感动于心,永不忘怀。

[4] 刻骨铭心:形容记忆深刻,永远不忘。多用于对别人的感激。

可嘉者小心翼翼[1],
可鄙者大言不惭[2]。

注 释

[1] 可嘉:值得赞许。 小心翼翼:本为恭敬谨慎。这里指举动格外谨慎,不敢稍微疏忽。

[2] 可鄙:令人鄙视。 大言不惭:说大话而不觉羞愧。

所为得意[1],

曰吐气扬眉[2];

待人诚心[3],

曰推心置腹[4]。

注 释

[1] 所为(wéi):所做的事情。

[2] 吐气扬眉:形容受压抑的心情得以舒展而感到快意。

[3] 待人诚心:诚心诚意地对待别人。

[4] 推心置腹:把真心交给别人。比喻以至诚之心待人。

老当益壮[1],

宁知白首之心[2]?

穷且益坚[3],

不坠青云之志[4]。

注 释

[1] 老当益壮:语出《后汉书·马援传》。是说年纪虽老而意志更豪壮。

[2] 宁:难道不。 知:了解,理解。 白首:即白头,指代老人。 心:心思,心态。

[3] 穷且益坚:处境越艰难,意志越坚定。

[4] 不坠:不能丧失。 青云之志:喻指远大的志向。

一息尚存[1],

此志不容少懈[2];

十手所指[3],

此心安可自欺[4]。

注 释

[1] 一息尚存:还有一口气存在。意思是说,还活着,生命尚未终止,直到最后一刻。

[2] 志:志向。 少:稍微。 懈:松懈,懈怠。

[3] 十手所指:语出《礼记·大学》。是说人如有不善,众人则争相指责。

[4] 心:内心。 安可:怎么可以。 自欺:自己欺骗自己。

请人远归曰洗尘[1],
携酒送行曰祖饯[2]。

注 释

[1] 请人远归:宴请别人从远道归来。

洗尘:设宴欢迎远方来的人。

[2] 携酒:携带美酒。 祖饯:饯行。相传黄帝的儿子累祖,远游时死在路上,人们出行时就把他当作路神来祭祀,所以称设宴饯行为"祖饯"。

望人寄信[1],
曰早赐玉音[2];
谢人许物[3],
曰已蒙金诺[4]。

注 释

[1] 望人寄信:希望人家给寄来书信。

[2] 赐:赏赐,给予。 玉音:对别人言辞的敬称,谓其贵重。

[3] 谢人许物:感谢人家许诺的事情。物,事情。

[4] 蒙:承蒙。 金诺:珍贵如金的诺言。

一日三秋[1],
言思慕之甚切[2];
渴尘万斛[3],
言想望之久殷[4]。

注释

[1] 一日三秋:秋,一年的时间。一日三秋,是说一天不见面,就像隔了三年。形容思念殷切。

[2] 言:是说,说的是。 思慕:思念,怀念。甚切:十分深切。

[3] 渴尘万斛(hú):斛,容量单位,万斛,形容极多。渴尘万斛,是说口渴得像生了万斛尘埃,急盼清水止渴。形容十分想念。

[4] 久:长久,持久。 殷:殷切。

小过必察[1],

谓之吹毛求疵[2];

乘患相攻[3],

谓之落井下石[4]。

注 释

[1] 小过:很小的过错。 察:调查。这里是追究的意思。

[2] 吹毛求疵:吹开皮上的毛,寻找里面的毛病。比喻刻意挑剔过失或缺点。

[3] 乘患:趁别人有难。 攻:攻击。这里是陷害的意思。

[4] 落井下石:见人掉进井里,不但不搭救,反而向井里扔石头。比喻乘人危急之时加以打击陷害。

望开茅塞[1],是求人之教导;多蒙药石[2],是谢人之箴规[3]。

注 释

[1] 茅塞:被茅草堵塞。比喻思路闭塞。

[2] 多蒙:蒙受,承蒙。 药石:治病的药物和砭石。比喻规诫。

[3] 箴规:劝诫规谏。

人失信曰爽约[1],

又曰食言[2];

人忘誓曰寒盟[3],

又曰反汗[4]。

注 释

[1] 失信:不守信用,失掉信用。

爽约:失约。

[2] 食言:把已经说出来的话又吞回去。表示言而无信。

[3] 忘誓:忘记誓言。 寒盟:背弃或忘却盟约。寒,冷却下来。特指终止盟约。

[4] 反汗:出来的汗又反回去。形容不守诺言或收回成命。

赞襄其事[1],
谓之玉成[2];
分裂难完[3],
谓之瓦解[4]。

注 释

[1] 赞襄:辅助,协助。

[2] 玉成:本指爱之如玉,而使其有成就。这里指成全其事。

[3] 完:完整,完好。

[4] 瓦解:瓦片碎裂。比喻崩溃或分裂。

明珠投暗[1],

大屈才能[2];

入室操戈[3],

自相鱼肉[4]。

注 释

[1] 明珠投暗:把一个闪光的珍珠抛到暗处。比喻有才能的人得不到赏识或重用,也比喻好东西落入不识货的人手里。

[2] 屈:委屈。

[3] 入室操戈:语出《后汉书·郑玄传》。后用"入室操戈"比喻以其人之说反驳其人。这里的意思是自家人动刀枪,比喻内部纷争。

[4] 自相鱼肉:鱼肉,指当作鱼、肉宰割。自相鱼肉,比喻内部自相残杀。

事有奇缘[1],
曰三生有幸[2];
事皆拂意[3],
曰一事无成[4]。

注　释

[1] 奇缘:意外的机会。

[2] 三生有幸:三生,佛家指前生、今生、来生。三生有幸,极言幸运之深。

[3] 拂意:不如意。

[4] 一事无成:什么事都没有做成。是说事业上毫无成就。

将近好处[1],

日渐入佳境[2];

无端倨傲[3],

日旁若无人[4]。

注 释

[1] 将近:将要接近。 好处(chù):美好的时刻或境况。

[2] 渐入佳境:语出《晋书·文苑传·顾恺之》。是说甘蔗下端比上端甜,从上往下吃,越吃越甜。后用来比喻境况逐渐好转或兴味逐渐浓厚。

[3] 无端:没有理由。 倨(jù)傲:傲慢不恭。

[4] 旁若无人:虽有人在身旁而视若无睹。形容高傲,不把别人放在眼里。

敌甚易摧[1],

曰发蒙振落[2];

志在必胜[3],

曰破釜沉舟[4]。

注 释

[1] 敌甚易摧:敌人很容易被摧垮。

[2] 发蒙振落:揭开蒙盖物,摇掉将落的枯叶。比喻轻而易举。

[3] 志在必胜:怀有必胜的决心。

[4] 破釜(fǔ)沉舟:把煮饭的锅打破,把船沉到水里,以示必胜的决心。事见《史记·项羽本纪》。

毛遂片言九鼎[1],

人重其言[2];

季布一诺千金[3],

人服其信[4]。

注　释

[1] 片言九鼎:据《史记·平原君列传》载,战国时,秦国包围了赵国的邯郸,平原君带着门客毛遂前往楚国求救。毛遂出面说服了楚国出兵救赵。事后平原君钦佩地说:"毛先生一到楚国,就让赵国比九鼎大吕还重。"比喻一句话可以产生极大的力量。

[2] 重:看重。

[3] 一诺千金:项羽的部将季布非常守信用,当时楚人有谚语说:"得黄金百斤,不如得季布一诺。"诺,诺言,许诺。

[4] 服:佩服。　信:守信用。

管中窥豹[1],

所见不多;

坐井观天[2],

知识不广。

注 释

[1] 管中窥豹:语出《世说新语·方正》。是说用竹管看豹,只看到豹身上的一块斑纹。比喻只看到事物的一小部分。

[2] 坐井观天:坐在井底看天,天只有井口那么大一片。比喻眼界狭小,所见有限。

求名利达[1],
曰捷足先得[2];
慰士迟滞[3],
曰大器晚成[4]。

注 释

[1] 求名利达:追求功名顺利通达。
[2] 捷足先得:是说行动敏捷的先达到目的,或得所求。
[3] 慰士迟滞:安慰士人成名较晚。
[4] 大器晚成:是说贵重器物需要较长时间才能制成。比喻大才之人成就往往较晚。

见事极真[1],
曰明若观火[2];
对敌易胜,
曰势若摧枯[3]。

注 释

[1] 见事极真:观察事物极其真切。

[2] 明若观火:好像看火一样明晰清楚。形容观察事物十分明晰。

[3] 摧枯:摧折枯枝朽木。形容办事轻而易举。

临渊羡鱼[1],

不如退而结网[2];

扬汤止沸[3],

不如去火抽薪[4]。

注 释

[1] 临渊羡鱼:面对深渊想要得到鱼。比喻空有愿望,而无实际行动。

[2] 退:返回。 结网:织网。

[3] 扬汤止沸:从锅里舀起开水再倒回去,使它凉下来不沸腾。比喻治标而不治本。

[4] 去火:除去火源。比喻去除根本原因。薪:柴火。

寇莱公庭除之外[1],只可栽花;李文靖厅事之前[2],仅容旋马[3]。

注 释

[1] 寇莱公:即寇准,字平仲,北宋宰相,封莱国公。 庭除:庭院。

[2] 李文靖:即李沆,字太初,北宋宰相,谥号文靖。 厅事:住宅的客厅。

[3] 仅容旋马:旋马,掉转马身。仅容旋马,只有一匹马转身的地方。形容住宅狭小。

这一段从寇准及李沆住宅之狭小可以看出二人为官之清廉。

以小致大[1],

谓之抛砖引玉[2];

不知所贵[3],

谓之买椟还珠[4]。

注 释

[1] 致:引来。

[2] 抛砖引玉:比喻自己先发表粗浅的见解,以引来别人的高见。

[3] 不知所贵:不了解东西的实际价值。

[4] 买椟(dú)还珠:据《韩非子·外储说左上》载,楚国有个商人到郑国去卖珍珠,为了多卖珍珠,他便把盛珍珠的匣子做得极其精致,并饰以翡翠。有一个郑国人买了,留下椟(匣子),却把珍珠还给了卖主。后以"买椟还珠"比喻舍本逐末,取舍不当。

多才之士[1],

才储八斗[2];

博学之儒[3],

学富五车[4]。

注 释

[1] 多才之士:此指才华横溢的人。

[2] 才储八斗:据《南史·谢灵运传》载,南北朝诗人谢灵运曾夸耀说:"天下才华共有一石(十斗),曹植独得八斗,我得一斗,古今其他人共用一斗。"才储八斗比喻人富有才华。

[3] 博学之儒:学识渊博的儒生。

[4] 学富五车:这是庄子赞扬魏国宰相惠施的话。是说学识比五车书还多。形容学问渊博。

两争不放,

谓之鹬蚌相持[1];

无辜牵连[2],

谓之池鱼受害[3]。

注 释

[1] 鹬蚌(yù bàng)相持:据《战国策·燕策》载,蚌张开壳在海滩上晒太阳,鹬(一种水鸟)去啄它,嘴被蚌壳夹住了,两方互不相让。渔翁来了,把它们都捉住了。比喻双方相持不让,第三者因而得利。

[2] 无辜(gū):没有罪。

[3] 池鱼受害:即"城门失火,殃及池鱼"。池,护城河。相传春秋时期,宋国城门着了火,人们到护城河里打水灭火,水用干了,河中的鱼也就死了。后用以比喻因受牵连而无端遭到的灾祸。

上古时削木为吏[1],今日之淳风安在[2];唐太宗纵囚归狱[3],古人之诚信可嘉。

注 释

[1] 削木为吏:据司马迁《报任安书》载,相传古时民风淳朴,削木头制成狱吏放在犯人家中,到开庭审理时,犯人不需要捉拿,自己便抱着木吏到法庭受审。

[2] 淳风:敦厚古朴的风气。 安在:在哪里?

[3] 纵囚归狱:据《旧唐书·太宗纪》载,贞观六年(652),唐太宗让死刑犯回家与亲人团聚,规定他们于次年秋回狱中接受死刑。果然第二年秋天,犯人都按时归狱。纵囚归狱,释放在狱罪囚回家,限期自动回归监狱。

美恶不称[1],

谓之狗尾续貂[2];

贪图不足[3],

谓之蛇欲吞象[4]。

注 释

[1] 美恶(è)不称(chèn):丑恶和美好不相匹配。

[2] 狗尾续貂(diāo):亦作"狗续貂尾""狗尾貂续"。古代近侍官员以貂尾为冠饰,任官太滥,貂尾不足,用狗尾代之。以"狗尾续貂"讽刺封爵太滥。后泛指以坏续好,前后不相称。多指文学艺术作品。

[3] 贪图:贪得无厌。 不足:不知满足。

[4] 蛇欲吞象:据《山海经·海内南经》载,巴地的蛇吞食了一头大象,三年才把骨头吐出来。后形容贪婪之甚。

祸去祸又至[1],
曰前门拒虎,
后门进狼[2];
除凶不畏凶[3],
曰不入虎穴,
焉得虎子[4]。

注 释

[1] 祸去祸又至：除去一个祸患又来一个祸患。
[2] 前门拒虎,后门进狼：亦作"前门去虎,后门进狼"。比喻刚除去一害却又招来一害。
[3] 除凶不畏凶：铲除凶恶势力而不惧怕。
[4] 不入虎穴,焉得虎子：比喻不冒风险,就不能取得大的成功。也比喻不经历艰苦的实践,就不能取得巨大的成就。

小人不知君子之心[1],
曰燕雀焉知鸿鹄志[2];
君子不受小人之侮[3],
曰虎豹岂受犬羊欺[4]。

注 释

[1] 不知:不明白,不了解。

[2] 燕雀焉知鸿鹄(hú)志:据《史记·陈涉世家》载,陈涉曾与人一起耕田,休息时他对大家说:"如果我们以后富贵了,可不要忘记其他人。"同耕的人笑道:"我们种田,怎么可能富贵?"陈涉叹息道:"燕雀怎么能知道鸿鹄的志向呢?"燕雀,又叫花雀,这里比喻见识短浅的人;鸿鹄,即天鹅,这里比喻抱负远大的人。

[3] 侮:欺侮,侮辱。

[4] 虎豹岂受犬羊欺:虎豹怎么能够忍受狗和羊的凌辱呢?

植物非一[1],

故有万卉之名[2];

谷种甚多[3],

故有百谷之号[4]。

注 释

[1] 非一:不是只有一种。

[2] 万卉:卉,草的总称。万卉,极言草的种类之多。 名:名称,称呼。

[3] 种(zhǒng):种类。

[4] 百谷:谷类的总称。百,指众多。 号:称谓。

国色天香[1],

乃牡丹之富贵[2];

冰肌玉骨[3],

乃梅萼之清奇[4]。

注 释

[1] 国色天香:形容牡丹花香色不凡,不同于一般花卉。后多用来形容女子的美丽。

[2] 富贵:本指富裕而显贵。这里形容牡丹雍容华贵的气质。

[3] 冰肌玉骨:形容梅花的傲寒斗艳。后亦用来形容女子洁美的体肤。

[4] 梅萼:梅花的蓓蕾。　清奇:清秀不凡。

格言联璧

(清)金兰生

《格言联璧》是清朝人金兰生(名金缨)编写的一部格言集成。全书按类目编次,计有学问、存养、持躬、养生、敦品、处事、接物、齐家、从政、惠言、悖凶,共十一类。内容广博,意蕴深厚,涵盖了社会人生的各个方面,反映了传统社会的道德观念,可以说是一部包罗万象的格言宝库。该书于1851年刊行后,广为流传,有所谓"地不分南北,人不分贫富,家家置之于案,人人背诵习读"之誉。这些格言启迪人们求真、向善、趋美,是古人智慧的结晶;对于青少年修身养性、处事做人、治家从政,具有很好的参考借鉴意义。但是,书中的"因果报应"等带有封建色彩的内容,则是应该摒弃的不符合今天客观认知的思想。

古今来许多世家[1],

无非积德[2]。

天地间第一人品[3],

还是读书。

注 释

[1] 古今:古往今来。 世家:世代贵显的家族或大家。

[2] 无非积德:这句是说,(那些名门大家)无一不是因为积累德行而兴旺发达的。

[3] 第一:指第一等的。 人品:人的品格。

读书即未成名[1],
究竟人高品雅[2];
修德不期获报[3],
自然梦稳心安[4]。

注 释

[1] 即未:即使没能。

[2] 究竟:毕竟,到底。 人高:指人格高尚。 品雅:品行雅正不俗。

[3] 修德:行善积德。 不期:不期待。 获报:获得报答。

[4] 梦稳:指睡觉踏实。 心安:内心安宁。

何谓至行[1],曰庸行[2];

何谓大人[3],曰小心[4];

何以上达[5],曰下学[6];

何以远到[7],曰近思[8]。

注 释

[1] 何谓:什么叫作。 至行(xíng):卓绝的品行。

[2] 庸行(xíng):平常的行为。

[3] 大人:德行高尚的人。

[4] 小心:谨慎。

[5] 何以:怎样。 上达:上进,向上发展。

[6] 下学:向地位或学问不如自己的人请教。即以虚心的态度向他人学习。

[7] 远到:犹远至。谓日后能实现远大目标。

[8] 近思:充分考虑当下切身的事情。

观天地生物气象[1],

学圣贤克己工夫[2]。

下手处是自强不息[3],

成就处是至诚无息[4]。

注　释

[1] 观:观察。　生物:指万物。　气象:景象。

[2] 学:学习。　圣贤:圣人和贤人的合称。亦泛指道德才智杰出者。　克己工夫:克己养性的本领。

[3] 下手:动手,着手。　自强不息:自己努力向上,永不停息。

[4] 成就:成功。　至诚:最高境界的真诚。无息:不间断。此指仍坚持不懈。

古之学者[1],

得一善言[2],

附于其身[3];

今之学者,

得一善言,

务以悦人[4]。

注 释

[1] 学者:做学问的人。

[2] 善言:有益之言,好话。

[3] 附于其身:放到自己身上进行实践。

[4] 务:必定,一定。 以:用,使用。

悦人:取悦他人。

眼界要阔[1],

遍历名山大川[2];

度量要宏[3],

熟读五经诸史[4]。

注 释

[1] 眼界要阔:要让眼界开阔。

[2] 遍历:普遍游历,游遍。

[3] 度量要宏:要让气度宏大。

[4] 五经:五部儒家经典。即《诗经》《尚书》《礼记》《周易》《春秋》。 诸史:各种史书。

读未见书[1],

如得良友[2];

见已读书[3],

如逢故人[4]。

注 释

[1] 未见(jiàn)书:没有看过的书。

[2] 如:像,如同。 良友:益友,品行端正的朋友。

[3] 见(jiàn):看见。此指重读(书)。

已读书:已经读过的书。

[4] 逢:遇到,遇见。 故人:旧交,老朋友。

案上不可多书[1],

心中不可少书;

鱼离水则鳞枯[2],

心离书则神索[3]。

注 释

[1] 案:几案,书桌。

[2] 鳞枯:鱼的鳞就会干枯。

[3] 神索:神,精神;索,无。神索,精神没有寄托。

读书贵能疑[1],

疑乃可以启信[2];

读书在有渐[3],

渐乃克底有成[4]。

注释

[1] 贵:重要。 疑:疑问,疑惑。

[2] 乃:才。 启信:引发思考。

[3] 渐:此指循序渐进。

[4] 克底:克,攻取,这里是坚持的意思。克底,即坚持到底。 有成:有所成就,获得成功。

无欲之谓圣[1],

寡欲之谓贤[2],

多欲之谓凡[3],

徇欲之谓狂[4]。

注 释

[1] 无欲:此指没有欲望的人。 谓:称为。圣:圣人。指品德最高尚、智慧最高超的人。

[2] 寡欲:此指欲望少的人。 贤:贤人。指有才德的人。

[3] 多欲:此指欲望很多的人。 凡:凡人。指平常的人。

[4] 徇欲:徇,顺从,依从。徇欲,此指放纵私欲的人。 狂:狂人。指狂妄无知的人。

忿如火[1],

不遏则燎原[2];

欲如水[3],

不遏则滔天[4]。

注 释

[1] 忿如火:愤怒就像烈火一样。 忿:同"愤"。

[2] 遏:遏制,阻止。 燎原:火延烧原野。比喻势态不可阻挡。

[3] 欲如水:欲望就像洪水一样。

[4] 滔天:弥漫天际。形容水势极大。

心一松散[1],

万事不可收拾。

心一疏忽[2],

万事不入耳目[3]。

心一执著[4],

万事不得自然[5]。

注 释

[1] 松散:指心思不集中。

[2] 疏忽:指内心轻率。

[3] 不入耳目:不能引起注意。

[4] 执著(zhuó):坚持不放。这里是固执的意思。 著:同"着"。

[5] 不得自然:因受到干扰而不能自然发展。

处逆境心[1],

须用开拓法[2];

处顺境心[3],

要用收敛法[4]。

注 释

[1] 逆境:不顺利的境遇。 心:心态。

[2] 开拓法:开辟进取的方法。

[3] 顺境:顺利的境遇。

[4] 收敛法:聚敛抑制的方法。

谦退是保身第一法[1],

安详是处事第一法[2],

涵容是待人第一法[3],

洒脱是养心第一法[4]。

注 释

[1] 谦退:谦虚退让。 保身:保全自身。

[2] 安详:稳重从容。 处事:办事。此指为人处世。

[3] 涵容:包容,宽容。 待人:对待别人。此指待人接物。

[4] 洒脱:自由不拘。 养心:修养身心。

莫轻视此身,

三才在此六尺[1];

莫轻视此生,

千古在此一日[2]。

注　释

[1] 莫轻视此身,三才在此六尺:三才,指天、地、人;六尺,指成年男子之身躯,因成年男子平均身高一米七左右,故称。这两句是说,不要轻视自己的身体,因为天、地、人的精华都蕴藏在六尺身躯之中。

[2] 莫轻视此生,千古在此一日:此生,自己的一生。这两句是说,不要轻视自己的生命,因为流传千古的功业都从这一天开始。

不让古人[1],

是谓有志[2];

不让今人[3],

是谓无量[4]。

注 释

[1] 不让古人:不让,不逊让。这句的意思是,同古时建功立业的人一决高下。

[2] 是谓:这叫作。 有志:有志气。

[3] 不让今人:同当下有所成就的人比高低。

[4] 无量(liàng):没有度量。

一能胜千[1],

君子不可无此小心[2];

吾何畏彼[3],

丈夫不可无此大志[4]。

注 释

[1] 一:此指一个人。 胜:战胜。 千:此指很多人。

[2] 君子:才德出众的人。 不可无此小心:不能没有这样的思索考虑。小心,顾虑的意思,引申为思索考虑。

[3] 何:何必。 畏彼:畏惧他人。

[4] 丈夫:犹言大丈夫。指有所作为的人。大志:志向和气概。

不自重者取辱[1],

不自畏者招祸[2],

不自满者受益[3],

不自是者博闻[4]。

注 释

[1] 不自重者:不尊重自己人格的人。

取辱:招致耻辱。

[2] 不自畏者:不自我敬重的人。

招祸:招惹灾祸。

[3] 不自满者:不自我满足的人。

受益:受到益处。

[4] 不自是者:不自以为是的人。

博闻:博见多闻。

有真才者[1],

必不矜才[2];

有实学者[3],

必不夸学[4]。

注 释

[1] 真才:真实的才学。

[2] 必:一定。 矜(jīn)才:以才能自夸。

[3] 实学:切实有用的学问。

[4] 夸学:炫耀自己的学问。

毋毁众人之名[1],

以成一己之善[2];

毋役天下之理[3],

以护一己之过[4]。

注 释

[1] 毋:不可。 毁:诋毁。 名:名声。

[2] 以成一己之善:用来成就自己的美名。

[3] 役:差遣。引申为借用。 天下之理:世上所有的道理。

[4] 护:掩盖,掩饰。 过:过错,错误。

读书有四个字最要紧[1],曰阙疑好问[2];做人有四个字最要紧,曰务实耐久[3]。

注释

[1] 要(yào)紧:重要,至关紧要。

[2] 阙(quē)疑:遇到疑惑,暂时空着,不作主观推测。

[3] 务实:讲究实际。 耐久:经久不变。

事当快意处须转[1]，
言到快意时须住[2]。

注 释

[1] 事：此指处理事情。 快意：顺心得意。 须：须要。 转：改变方向。引申为收敛。
[2] 言：此指与别人说话。 住：停止，停住。

富以能施为德[1],

贫以无求为德[2],

贵以下人为德[3],

贱以忘势为德[4]。

注 释

[1] 富:此指富有的人。 能施:能够施舍给穷人。 德:美德。

[2] 贫:此指贫穷的人。 无求:无所奢求。

[3] 贵:此指尊贵的人。 下人:对人谦让。

[4] 贱:此指地位低下的人。 忘势:不追慕权势。

处草野之日[1],

不可将此身看得小[2];

居廊庙之日[3],

不可将此身看得大[4]。

注 释

[1] 处(chǔ):安身。 草野:乡野,民间。指身为平民百姓的时候。

[2] 将:把。 此身:自身。 小:渺小。

[3] 居:身居。 廊庙:殿下屋和太庙。指朝廷。

[4] 大:高大。引申为尊贵。

困辱非忧[1],

取困辱为忧[2];

荣利非乐[3],

忘荣利为乐[4]。

注释

[1] 困辱非忧:困苦屈辱不值得担忧。

[2] 取困辱为忧:自取困苦屈辱才值得担忧。

[3] 荣利:功名利禄。 非乐:不是真正的快乐。

[4] 忘:忘记,忘却。 为乐:才是真正的快乐。

心志要苦[1]，

意趣要乐[2]。

气度要宏[3]，

言动要谨[4]。

注 释

[1] 心志：意志。　苦：指经历困苦的磨炼。

[2] 意趣：旨趣。引申为思想。

　　乐：乐观。

[3] 气度：气魄风度。　宏：宏大。

[4] 言动：言语行动，说话做事。

　　谨：谨慎。

勿吐无益身心之语[1],

勿为无益身心之事[2],

勿近无益身心之人[3],

勿入无益身心之境[4],

勿展无益身心之书[5]。

注 释

[1] 吐:说,口说。 无益身心之语:不利于身心健康的话。

[2] 为(wéi):做。

[3] 近:接近。

[4] 入:进入。 境:处所,地方。

[5] 展:看,翻看。

此生不学一可惜[1],

此日闲过二可惜[2],

此身一败三可惜[3]。

注 释

[1] 此生:这辈子。 不学:没有学习。可惜:值得惋惜。

[2] 此日:这一天。 闲过:虚度一天。

[3] 此身:这一生。 一败:完全失败。即一事无成。

聪明者戒太察[1],

刚强者戒太暴[2],

温良者戒无断[3]。

注 释

[1] 戒:警惕,警诫。 太察:过于精明,对任何小问题都看得太过清楚。

[2] 太暴:过于暴躁。

[3] 温良:温和善良。 无断:处事不果断。

勿施小惠伤大体[1],
毋借公道遂私情[2]。
以情恕人[3],
以理律己[4]。

注释

[1] 勿:不要。 施:施舍,施行。 小惠:微小的恩惠。 伤:伤害,损害。 大体:指事物的全局。

[2] 借:凭借,利用。 公道:公正的道理。 遂:曲从。 私情:私人的情感或情谊。

[3] 情:情理。 恕人:宽容别人。

[4] 理:事理。 律己:约束自己。

以恕己之心恕人[1],

则全交[2];

以责人之心责己[3],

则寡过[4]。

注 释

[1] 以:用。 恕己:宽恕自己。 恕人:原谅别人。

[2] 则:就。 全交:指保全、维护交谊或友情。

[3] 责人:责备别人。 责己:要求自己。

[4] 寡过:少犯错误。

俭则约[1],

约则百善俱兴[2];

侈则肆[3],

肆则百恶俱纵[4]。

注 释

[1] 俭则约:生活节俭了,对自己就有所约束。

[2] 约则百善俱兴:百善,各种美好的德行;兴,产生。这句是说,对自己有了约束,各种美好的德行便会产生。

[3] 侈:奢侈。 肆:放肆。

[4] 肆:不受拘束。 百恶(è):各种丑恶的行径。 纵:放纵。

为善如负重登山[1],

志虽已确[2],

而力犹恐不及[3];

为恶如乘骏走坂[4],

鞭虽不加,

而足不禁其前[5]。

注 释

[1] 为(wéi)善:做好事。 如:就像。

[2] 志:志向。 确:明确。

[3] 而:然而。 犹恐:还担心。 不及:不能到达山顶。

[4] 为(wéi)恶:做坏事。 乘骏:骑着骏马。 坂(bǎn):斜坡。

[5] 足:指马蹄。 不禁其前:不禁,不停止。不禁其前,仍然不停止向前。

防欲如挽逆水之舟[1],

才歇手[2],

便下流[3];

为善如缘无枝之木[4],

才住脚,

便下坠[5]。

注 释

[1] 防欲:防止欲望。 挽(wǎn):拉,牵引。

[2] 才:刚刚。 歇手:停手。

[3] 下流:向下流逝。

[4] 缘:攀缘,攀爬。 无枝之木:没有旁枝侧杈的树。

[5] 下坠:向下坠落。

慎风寒[1],

节饮食[2],

是从吾身上却病法[3];

寡嗜欲[4],

戒烦恼[5],

是从吾心上却病法[6]。

注 释

[1] 慎:小心,注意。 风寒:冷风寒气。

[2] 节:节制。

[3] 却病:消除疾病。

[4] 寡:减少。 嗜欲:嗜好与欲望。

[5] 戒:戒除。

[6] 心上:心理上。

多静坐以收心[1],

寡酒色以清心[2],

去嗜欲以养心[3],

玩古训以警心[4],

悟至理以明心[5]。

注 释

[1] 收心:约束意念,使不旁骛。

[2] 寡:减少。 酒色:酒和女色。 清心:心地恬静,无思无虑。

[3] 养心:修养心神。

[4] 玩:欣赏,细心体会。 古训:古代流传下来的典籍或可以作为准绳的话。 警心:戒慎,警醒。

[5] 悟:领会,感悟。 至理:最精深的道理。即至理名言。 明心:使内心清明纯正。

败德之事非一[1],

而酗酒者德必败[2];

伤生之事非一[3],

而好色者生必伤[4]。

注 释

[1] 败德:败坏德行。 非一:不是一件。指很多。

[2] 酗(xù)酒:嗜酒无度,醉酒闹事。败:败坏。

[3] 伤生:伤害身体。

[4] 好色者:贪爱女色的人。

人以品为重[1],

若有一点卑污之心[2],

便非顶天立地汉子[3];

品以行为主[4],

若有一件愧怍之事[5],

即非泰山北斗品格[6]。

注 释

[1] 人:为人,做人。　品:品行,品德。重:重要,紧要。

[2] 卑污:卑鄙肮脏。　心:念头。

[3] 汉子:犹大丈夫。

[4] 行(xíng):践行。　主:根本。

[5] 愧怍(zuò):惭愧。

[6] 泰山北斗:比喻德高望重或有卓越成就而为人们所尊重敬仰的人。　品格:品性,性格。

立朝不是好舍人[1],
自居家不是好处士[2]。
平素不是好处士[3],
由小时不是好学生[4]。

注 释

[1] 立朝:指在朝做官。 舍人:官名。此处代指官员。

[2] 自:因为。 居家:闲居在家。此指住在家里的时候。 处士:本指有才德而隐居不仕的人。后亦泛指未做过官的人。

[3] 平素:平时,向来。

[4] 由:因为。

做秀才如处子[1],

要怕人[2]。

即入仕如媳妇[3],

要养人[4]。

归林下如阿婆[5],

要教人[6]。

注 释

[1] 秀才:此指书生、读书人。 如:像。处子:犹处女。即未出嫁的姑娘。

[2] 怕人:害怕人。此指说话做事要小心谨慎。

[3] 即:当。 入仕:入朝做官。 媳妇:嫁了人的妇女。

[4] 养人:供给人民生活所需。

[5] 归林下:辞官回乡。 阿婆:慈祥的老婆婆。

[6] 教人:培养教育后代。

小人专望人恩[1],

恩过辄忘[2];

君子不轻受人恩[3],

受则必报[4]。

注 释

[1] 小人:识见浅狭的人。 专望人恩:总是期望得到他人给予的好处。恩,好处,深情厚谊。

[2] 辄:立即,就。

[3] 君子:才德出众的人。 不轻受人恩:不轻易接受别人给予的好处。

[4] 受则必报:一旦接受了就一定会回报。

富儿因求宦倾资[1],污吏以黩货失职[2]。

注 释

[1] 富儿:富家子弟。 求宦:求取官职。 倾资:拿出全部家产,倾尽家产。

[2] 污吏:贪污受贿的官吏。 以:因为,由于。 黩(dú)货:贪污受贿。 失职:失去职权,丢掉官职。

不自反者[1],

看不出一身病痛[2];

不耐烦者[3],

做不成一件事业[4]。

注 释

[1] 自反:反躬自问,自我反省。

[2] 病痛:毛病,缺点。

[3] 不耐烦:不耐心,怕麻烦。

[4] 事业:事情的成就,功业。

无事时，
戒一偷字[1]；
有事时，
戒一乱字[2]。

注 释

[1] 戒：戒除。也指应该戒除的事。

　　偷：此指偷懒的毛病。

[2] 乱：此指慌乱的毛病。

处人不可任己意[1],

要悉人之情[2];

处事不可任己见[3],

要悉事之理[4]。

注 释

[1] 处人:与别人相处。 任己意:事事顺着自己的意愿。

[2] 悉人之情:了解清楚其中的事故人情。

[3] 处事:做事。 任己见:一味坚持自己的意见。

[4] 悉事之理:了解清楚事情之中的道理。

人之谤我也[1],

与其能辩[2],

不如能容[3];

人之侮我也[4],

与其能防[5],

不如能化[6]。

注 释

[1] 人:指别人。 谤:诽谤,毁谤。

[2] 与其:连词。在比较两种情况的利害得失而有所取舍时,"与其"用在舍弃的一面。 辩:争辩。

[3] 容:宽容。

[4] 侮:欺辱,侮辱。

[5] 防:戒备,防备。

[6] 化:此指主动化解相互间的怨恨。

喜闻人过[1],

不若喜闻己过[2];

乐道己善[3],

何如乐道人善[4]。

注 释

[1] 喜闻人过:喜欢打听别人的缺点和过失。

[2] 不若:不如,比不上。 喜闻己过:喜欢听到别人指出自己的缺点和过失。

[3] 乐(lè)道己善:喜欢谈论自己的优点长处。

[4] 何如:用反问的语气表示不如。

先去私心[1],

而后可以治公事[2];

先平己见[3],

而后可以听人言[4]。

注 释

[1] 去:去除。

[2] 而后:以后,后来。 治公事:处理公务。

[3] 平:平息。这里指戒除。

己见:自己的成见。

[4] 听人言:才能听得进别人的意见。

修己以清心为要[1],
涉世以慎言为先[2]。

注 释

[1] 修己:自我修养,修养自己的身心。

清心:心地宁静,无思无虑。

要(yào):主要。引申为关键。

[2] 涉世:接触社会,经历世事。 慎言:说话谨慎。 先:首要,根本。

人褊急[1],

我受之以宽宏[2];

人险仄[3],

我平之以坦荡[4]。

注 释

[1] 褊(biǎn)急:气量狭隘,性情暴躁。

[2] 受:承受,忍受。 宽宏:胸怀宽阔,气量弘深,能容人。

此句指以宽容的态度接受。

[3] 险仄(zè):阴险邪恶。

[4] 平:平定,平息。 坦荡:胸襟开朗,心地纯洁。

此句指以坦荡的胸怀平息。

能媚我者[1],

必能害我,

宜加意防之[2];

肯规予者[3],

必肯助予,

宜倾心听之[4]。

注　释

[1] 媚:献媚,讨好。

[2] 宜:应该。　加意:特别注意。

　　防:提防,防范。

[3] 规:规劝,劝导。　予(yú):我。

[4] 倾心:尽心,诚心诚意。

见人背语[1],

勿倾耳窃听[2]。

入人私室[3],

勿侧目旁观[4]。

到人案头[5],

勿信手乱翻[6]。

注 释

[1] 背语:背着人说话,背后议论。

[2] 倾耳窃听:侧着耳朵偷听。

[3] 私室:私人的寝室,内房。

[4] 侧目旁观:东瞧瞧西看看。

[5] 案头:几案或书桌。

[6] 信手:随手。

未有和气萃焉[1],

而家不吉昌者[2];

未有戾气结焉[3],

而家不衰败者[4]。

注　释

[1] 和气:和睦融洽。　萃:聚集。

[2] 吉昌:吉祥兴旺。

[3] 戾(lì)气:暴戾之气。　结:聚合。

[4] 衰败:衰落败亡。

无正经人交接[1],

其人必是奸邪[2];

无穷亲友往来[3],

其家必然势利[4]。

注 释

[1] 正经人:正派的人。 交接:交往。

[2] 其人:这个人。 奸邪:奸诈邪恶。

[3] 往来:交往,交际。

[4] 其家:这家人。 必然:一定。

势利:以地位的高低和财产的多寡看待人。

洁己方能不失己[1],

爱民所重在亲民[2]。

注 释

[1] 洁己:自己的操守洁白。 方:才。
不失己:不丧失善良美好的本性。

[2] 爱民:爱护百姓。 重:重要。引申为关键。 亲民:亲近百姓。

居家为妇女们爱怜[1],

朋友必多怒色[2];

做官为衙门人欢喜[3],

百姓必有怨声[4]。

注 释

[1] 居家为妇女们爱怜:是说在家中被妇女们喜爱(而疏远了朋友)。

[2] 怒色:愤怒的表情。

[3] 做官为衙门人欢喜:是说当官只被衙门里的人喜欢(而忘记了百姓)。

[4] 怨声:怨恨之声。

住世一日[1],

要做一日好人;

为官一日[2],

要行一日好事[3]。

注　释

[1] 住世一日:活在世上一天。

[2] 为(wéi)官一日:做官任职一天。

[3] 行(xíng):做,从事某种活动。

在家者不知有官[1],

方能守分[2];

在官者不知有家[3],

方能尽分[4]。

注　释

[1] 在家者不知有官:是说当官人的家属能忘记自己的亲人是做官的。

[2] 守分(fèn):安守本分。

[3] 在官者不知有家:是说在外做官的人不为自家谋私利。

[4] 尽分(fèn):竭尽本分。

以积货财之心积学问[1],

以求功名之心求道德[2],

以爱妻子之心爱父母[3],

以保爵位之心保国家[4]。

注　释

[1] 以:用,拿。　积货财:积攒钱财。学问:知识,学识。

[2] 求:求取。　功名:功业和名声。

[3] 爱:关爱。

[4] 保:保全。　爵位:指官位。

静以修身[1],
俭以养德[2],
入则笃行[3],
出则友贤[4]。

注 释

[1] 静:安静。引申为心境专注而不躁动。
修身:修养身心。

[2] 俭:节俭。 养德:培养品德。

[3] 入:指在家。 笃行(xíng):行为淳厚,纯正踏实。

[4] 出:外出,在外。 友:结交。
贤:有才德的人。

倚势欺人[1],

　　势尽而为人欺[2];

　　恃财侮人[3],

　　　财散而受人侮[4]。

注　释

[1] 倚势:仗着势力。

[2] 势尽:势力丧尽。

[3] 恃财:凭借财富。　侮人:欺侮别人。

[4] 财散:钱财散尽。

势可为恶而不为[1],

即是善[2];

力可行善而不行[3],

即是恶[4]。

注 释

[1] 势可为恶(è):有势力做坏事。

不为(wéi):不去做。

[2] 即是善:就是善心。

[3] 力可行(xíng)善:有能力做好事。

不行(xíng):不去做。

[4] 即是恶(è):就是邪心。

行善如春园之草[1],

不见其长[2],

日有所增[3];

行恶如磨刀之砖[4],

不见其消[5],

日有所损[6]。

注 释

[1] 行(xíng)善:做好事。

[2] 长(zhǎng):生长。

[3] 日有所增:每天都在长高。

[4] 行恶(è):做坏事。 磨刀之砖:即磨刀石。

[5] 消:此指磨损。

[6] 日有所损:每天都在损耗。

当厄之施[1],

甘为时雨[2];

伤心之语[3],

毒于阴冰[4]。

注 释

[1] 厄:灾难。 施:给予帮助。

[2] 甘为时雨:就像干旱时的及时雨一样甘甜。

[3] 伤心之语:伤害别人心灵的话语。

[4] 毒于阴冰:比寒冰还要阴毒。

初学备忘

(清)张履祥

《初学备忘》是清代教育思想家张履祥撰写的一部蒙学读物。张履祥早年家贫,幼年丧父,母亲以纺织所得的微薄收入聘师教他读书。从23岁起,张履祥潜心教书,直至辞世,长达40年。这部《初学备忘》就是他在私塾教授乡里子弟时所作。这部蒙学读物,虽有着厚重的道德意识,但与那些纯粹记载嘉言懿行的读物不同,他所倾力论述的问题,多关乎治学与学问,又不偏废德教,况且所写的又都是40年从事教育的一己之见,读来亲切,又很有深度。这正是这部蒙学读物的特色所在。

大凡为学[1],先须立志。志大而大,志小而小[2]。有有志而不遂者矣[3],未有无志而有成者也。立志之道,先须辨别何者是上等人所为,何者是下等人所为;我所愿学者,是何等样人;我所不屑为者[4],是何等样人。此志一定,却须坚确不移[5]。

注 释

[1] 大凡:表示总括一般的情况,犹言"大抵"。 为(wéi)学:做学问,治学。
[2] 志大而大,志小而小:这两句是说,志向大的人,学问就大;志向小的人,学问就小。
[3] 不遂:不成功。
[4] 不屑:认为不值得。 为(wéi):做。
[5] 坚确:犹坚定。

人有必为圣贤之志[1],后来功夫不整密[2],意思渐衰惰[3],不免终于庸人[4]。若一向安于流俗[5],下梢何所底止[6],是可畏也。

注 释

[1] 圣贤:圣人和贤人的合称。亦泛称道德才智杰出者。

[2] 整密:系统,连续。

[3] 意思:意志。 衰惰:犹怠惰。即懈怠懒惰。

[4] 终于:终究。 庸人:平常的人。

[5] 流俗:指世间平庸的人。

[6] 下梢:结果。 何所:何处。 底止:止住。

少年立志要远大,持身要紧严[1]。立志不高,则溺于流俗[2];持身不严,则入于匪辟[3]。

注 释

[1] 持身:立身,修身。 紧严:严格。

[2] 溺于:陷于危难或某种不好的境地。

流俗:平庸粗俗。

[3] 匪辟:行为不正。

学者亲贤乐善[1],是第一事。少年刚毅正直、老成笃实之人[2],能爱之敬之,其人必贤[3];若疏之远之[4],其人必不肖[5]。

注释

[1] 学者:做学问的人,求学的人。　亲贤:亲近贤人,爱慕贤人。　乐(lè)善:乐于行善。

[2] 刚毅:刚强果断。　笃实:淳厚朴实,忠诚老实。

[3] 必:必然,一定。　贤:有德行,有才能。

[4] 若:假如,如果。　疏:疏远,不亲近。　远(yuàn):离开,避开。

[5] 其人:这个人。　不肖:不成材。

凡居处饮食衣服,有不敢过求之意[1],是俭之实事。以是二者[2],驯习不舍[3],则侈肆之念[4],渐渐不萌[5],久则渐渐消化[6],心思自能向正,上达之基[7],定于此矣。人之败德丧行[8],未有不根于侈肆者。

注 释

[1] 过求:过分地求取。
[2] 以是:因此。
[3] 驯习:训练,使驯服。
[4] 侈肆:奢侈放纵。
[5] 萌:萌发,发生。
[6] 消化:消融。
[7] 上达:上进,向上发展。
[8] 败德:败坏品德。　丧行(xíng):丧失德行。

少年之日,先要识得人之贤否、事之善恶、言之是非[1],则心术自能向正[2],虽离父母师傅[3],亦可不至于邪慝矣[4]。

注 释

[1] 贤否:贤不贤。否,语末助词。表询问。

[2] 心术:指人认识事物的方法和途径。

[3] 师傅:老师的通称。

[4] 邪慝(tè):邪恶。

君子存心于利物,究也己未尝不利[1];小人肆行以害物[2],究也适足以害己[3]。君子于物喜其成,而恶其败[4],然己亦得成焉;小人于物乐其败,而忌其成[5],然己常得败焉。心之所感微矣[6],喜怒好恶,何可不谨[7]?

注释

[1] 究:终极,最终。

[2] 小人:识见浅狭的人。

　　肆行(xíng):恣意妄为。

[3] 适:正好。

[4] 恶(wù):忌讳。

[5] 忌:忌讳。

[6] 微:奥妙。

[7] 何:怎么。　谨:谨慎,慎重。

人各有业：农有畎亩之事[1]，工有器用之事[2]，商贾有市肆车牛之事[3]。废业游手[4]，不至于失所[5]，必入于不肖[6]。

注 释

[1] 畎(quǎn)亩：田地，田野。

[2] 工：古时对从事各种技艺的劳动者的总称。 器用：器皿用具。

[3] 商贾(gǔ)：商人。 市肆：市场，市中店铺。 车牛：指牛车。为古时交通运载工具。

[4] 废业游手：荒废事业，游手好闲。

[5] 失所：指无存身之地。

[6] 不肖：本义是儿子不似父亲，后称不孝之子为不肖。此指不良的人。

稼穑之艰[1],学者尤不可不知[2]。食者[3],生民之原[4],天下治乱、国家废兴存亡之本也[5]。古之人,自天子以至于庶人[6],未有不知耕者。

注释

[1] 稼穑(sè):耕种和收割。泛指农业劳动。
[2] 尤:尤其,格外。
[3] 食:粮食。
[4] 生民:养民。 原:本原。
[5] 本:根本,本原。
[6] 天子:古以君权为神所授,故称帝王为天子。 庶(shù)人:平民,百姓。

夫能稼穑则可无求于人[1],可无求于人,则能立廉耻[2]。知稼穑之艰,则不妄求于人[3],不妄求于人,则能兴礼让[4]。廉耻立,礼让兴,而人心可正,世道可隆矣[5]。

注 释

[1] 夫(fú):助词。用于句首,表发端。

[2] 廉耻:廉洁知耻。

[3] 妄求:非分地要求。

[4] 礼让:守礼谦让。

[5] 世道:社会。 隆:盛,兴盛。

凡人既读书,须实作个读书人。有读书人之容貌[1],有读人之言语[2],有读书人之行事[3],要之以心术为本[4]。

注 释

[1] 读书人之容貌:是说像个读书人的样子。这句和下面"读书人之言语""读书人之行事",说的都是对读书人外在的要求。

[2] 读书人之言语:是说说话像个读书人。

[3] 读书人之行事:是说办事情像个读书人。

[4] 要之:总之。 以心术为本:用内在的思想和行为作为根据。因为前面所讲的都是对读书人外在的要求。

读书须立准课程[1],量其力之所及而遵行之[2]。朝考夕省[3],勿使一日虚度[4]。

注释

[1] 立:确立。 课程:此指有规定数量和内容的读书进程。

[2] 所及:可及,可以达到。 遵行(xíng):遵照实行。

[3] 朝(zhāo)考夕省(xǐng):考,研求;省,检查。这句的大意是,白天研求学习的内容,晚上进行检查。

[4] 勿:不。 虚度:白白地度过。

人生少壮[1],要不多时,人事间之[2],读书之日有几[3]?当深思古人惜日之义[4]。

注释

[1] 少(shào)壮:年轻力壮。
[2] 人事间之:是说人的一生所接触的各种事情混杂在一起都需要花时间办理。
[3] 有几(jǐ):能有多少。指时间。
[4] 惜日:珍惜每一天时间。

义:意义,道理。

每至夕阳[1],检点一日所为[2]。若不切实锻炼身心[3],便虚度一日。流光如驶[4],良可惊惧[5]。

注释

[1] 夕阳:傍晚的太阳。此指白天即将过去之际。
[2] 检点:查点。 所为(wéi):所干的事情。
[3] 锻炼:在艰苦中进行磨炼。 身心:身体和精神。
[4] 流光:指如流水般逝去的时光。
   如驶:像马奔跑般疾速。比喻时光过得极快。
[5] 良:很。 可:值得。 惊惧:惊慌害怕。

每日上床[1],即思一日所为[2]。若无疚于心[3],则安寝[4];若有不慊[5],则辗转反侧[6],必求所以改之。

注　释

[1] 上床:即晚上将要睡觉之际。

[2] 即:就。　思:思索,考虑。

[3] 疚:因有过失感到内心惭愧。

[4] 安寝:安睡。

[5] 不慊(qiè):不满意,不满足。

[6] 辗转(zhuǎn)反侧:形容心中有事,翻来覆去不能入睡。

一念放逸[1],而百邪并起[2];一念戒惧[3],而群私退听[4],故敬为德之聚[5]。

注释

[1] 念:念头,想法。 放逸:放荡不羁。

[2] 百邪:各种邪念。

[3] 戒惧:警觉。

[4] 群私:众多私念。 退听:退让顺从。

[5] 敬:警诫,警惕。 德:福庆。

聚:聚集,会合。

学问之事[1],贵于有恒,最恶轻躁[2]。人即昏惰[3],岂无一时奋发之意?但此意思[4],不能久长,旋以忘却[5],终是无益。虽是资性过人[6],进锐退速[7],同归于废而已。

注 释

[1] 学问:学习和询问(知识、技能等)。

[2] 恶(wù):忌讳。　　轻躁:轻率浮躁。

[3] 昏惰:昏昧怠惰,懒怠。

[4] 意思:意志。

[5] 旋:不久,立刻。

[6] 虽:即使,纵然。　　资性:资质,天性。

[7] 进锐退速:进步得快,退步得也快。

天地间只一个消长道理[1]。一身之中,善长而恶消[2],则为君子;恶长而善消,则为小人。一家之中,善长而恶消,则至于有余庆[3];恶长而善消,则至终有余殃[4]。推之国之兴亡、世之治乱[5],莫不皆然。

注 释

[1] 消长(zhǎng):增减,盛衰。这里指的是善、恶转化的道理。

[2] 善、恶(è):指好、坏。即大家普遍认为的好的意念和行为、坏的意念和行为。

[3] 至于:连词。犹以致。 余庆:指善行积德,造福子孙。

[4] 至终:最终。 余殃:留下祸害,后患。

[5] 兴亡:兴盛和衰亡。多指国家局势的变迁。 治乱:安定与动乱。

学问之道[1],惟虚受最有益[2]。譬之一器[3],虚则凡物皆能入之[4]。若先置一物于中,更何物能入[5]。

注 释

[1] 道:途径。这里是基本原则的意思。
[2] 虚受:虚心接受。
[3] 器:器具。
[4] 虚:指器具中没盛任何东西。
[5] 更何物能入:更,又。这句是说,又有什么东西还能放入呢?

凡与人一相接[1],不有益,即有损,不可不慎。大约三种人宜近,然不可不择,贤士可以养德[2],明医可以养身[3],良农可以养生[4]。若比匪人[5],则丧德[6]。

注释

[1] 相接:相交。指交朋友。

[2] 贤士:志行高洁、才能杰出的人。

养德:修养德行。

[3] 明医:通晓医学。 养身:保养身体。

[4] 良农:善于耕种的农夫。 养生:保养生命,维持生计。

[5] 若:假如,如果。 比:比邻、亲近。

匪人:行为不端的人。

[6] 丧(sàng)德:丧失德行。

大凡姑息之爱[1],言多顺耳[2];德义之爱[3],言多逆耳[4]。古曰[5]:"苦言药也[6]。"

注 释

[1] 姑息:无原则的宽容。

[2] 顺耳:和顺悦耳。

[3] 德义:谓赏罚得当。亦谓从善去恶。

[4] 逆耳:刺耳,不顺耳。

[5] 古曰:古人说。

[6] 苦言:诤言,逆耳之言。

曾子日省其身[1],只是反躬之学[2]。孔子孟子[3],只教切己自省[4]。

注 释

[1] 曾子:即曾参(约前505—前435),春秋末鲁国人,字子舆,孔子的得意门人。日省(xǐng):每日自我反省。

[2] 反躬:反过来要求自己。

[3] 孔子:即孔丘(前551—前479),春秋末年思想家、教育家,儒学的创始人。

孟子:即孟轲(约前372—前289),战国时思想家、政治家、教育家。其所创唯心主义理论体系,对后来宋儒有很大影响。

[4] 切己:密切联系自身。 自省(xǐng):自行省察,自我反省。

读书先要正其心术[1]。心术者,如木之根、谷之种[2]。根先坏,千枝万叶,总无着处[3]。种是莨莠[4],栽培滋养,适为害耳[5]。

注释

[1] 正:端正。 心术:指人认识事物的方法和途径。
[2] 木:树,木本植物的通称。
    种(zhǒng):植物的种子。
[3] 着处(zhuó chù):放置的地方。
[4] 莨莠(láng yǒu):莨和莠,是两种野草。常用以喻邪恶之人。
[5] 适(shì):适合。 为(wéi)害:成为祸害。

大抵好我者之知我失[1],必不如恶我者之知我失之深而中[2]。人能深察恶我者之言而改之[3],则庶乎其寡过矣[4]。

注　释

[1] 大抵:大都。表示总括一般的情况。
　　好(hào):喜爱,喜欢。　失:过失,失误。
[2] 恶(wù):讨厌,不喜欢。　中(zhòng):箭射着目标。这里是中肯的意思。
[3] 深察:洞察幽微。
[4] 庶乎:犹言庶几乎。近似,差不多。
　　寡过:少犯错误。

不能反躬,是学者第一病[1]。修己不切[2],实由于此。与人龃龉[3],亦由于此。

注 释

[1] 学者:做学问的人,求学的人。

　　病:缺点,毛病。

[2] 修己:自我修养。　不切:不切合自身实际。

[3] 龃龉(jǔ yǔ):本义是牙齿参差不齐,这里比喻抵触、不投合。

尝将贤于我者自比[1],则于己常见不足,而学日进,志益谦,此上达之机也[2]。若以不及我者自安[3],则于己但见有余,而志日损,心日放矣,不流于污下[4],不止也。夫上下相去[5],岂有极哉[6]?

注释

[1] 尝:通"常"。经常,时常。 自比:(用别人)和自己对比。

[2] 上达:上进,向上发展。

[3] 自安:自安其心,自我安慰。

[4] 污下:卑下,低贱。

[5] 相去:差距。

[6] 岂:其。表示估计、推测。相当于也许、莫非。 极:极限。

人无时无地,不与人处[1]。在家庭,则有家庭之人;在宗族乡党[2],则有宗族乡党之人;在朋友,则有朋友之人;以至在朝廷,则有朝廷之人;在军旅,则有军旅之人。男子生,桑弧、蓬矢六[3],即有天地四方之志,岂能鸟兽同群,一日不与人接?

注 释

[1] 处:相处,交往。

[2] 宗族:同宗同族之人。 乡党:乡里。

[3] 桑弧、蓬矢六:古代男子出生,以桑木作弓,蓬草为矢,射天地四方,象征男儿应有志于四方。后用作勉励人应有大志之辞。桑弧,桑木做的弓;蓬矢,蓬草梗制成的箭;六,六支箭。

人不能有贤而无不肖,事不能有顺而无逆,能与贤人处,不能与不肖人处,能处顺理之事,不能处逆理之事[1],只缘自家学问不足[2]。天下无皆非之理,行有不得,反求诸己[3]。古之圣贤,以此存心[4],以此克己[5],所以能在邦无怨[6],在家无怨。

注　释

[1] 逆理:违背事理。

[2] 只缘:只因为。

[3] 反求诸己:犹反躬自问。即从自己方面找原因。

[4] 存心:犹居心。即心里怀有的意念。

[5] 克己:克制私欲,严以律己。

[6] 邦:古代诸侯的封国。后泛指国家。

轻浮二字[1],是子弟百恶之根[2]。浮又是轻之本[3],轻言轻动[4],总由于浮;不恒其德[5],亦由于浮。唯主忠信[6],可以治之。

注　释

[1] 轻浮:轻佻浮躁。

[2] 百恶(è):各种邪恶。

[3] 浮:浮躁。　轻:轻率,轻佻。

[4] 轻言:说话轻率、不慎重。

　　轻动:轻举妄动。

[5] 不恒其德:不能持久地保持自己的美德。语见《周易·恒》。

[6] 主:崇尚,注重。　忠信:忠诚信实。

虽一物之细[1]**,非吾所有**[2]**,不可妄取**[3]**。**

注 释

[1] 虽:语首助词。无实义。

一物之细:指非常细小的一件物品。

[2] 非吾所有:不是属于自己所有。

[3] 妄取:不当取而取,随便拿走。

放僻邪侈[1],"放"为首;骄奢淫佚[2],"骄"为首;克伐怨欲[3],"克"为首。人心骄纵[4],总由好胜,不肯屈下一念之根[5],将来势便无所不至。所以君子修身[6],只有敬谨[7]。

注释

[1] 放僻邪侈:肆意为非作歹。

[2] 骄奢淫佚:亦作"骄奢淫逸"。骄横奢侈,荒淫无度。

[3] 克伐怨欲:指好胜、自夸、怨恨、贪婪四种恶德。

[4] 骄纵:骄傲放纵。

[5] 一念:一动念间,一个念头。

[6] 修身:陶冶身心,涵养德行。

[7] 敬谨:恭敬谨慎。

读圣贤书,不笃信圣贤[1],而邪说是信[2],何以异于不爱其亲[3],而爱他人,不敬其亲,而敬他人乎?以是为聪明才智[4],吾不识也[5]。

注 释

[1] 笃信:忠实地信仰,深信。

[2] 邪说:荒谬有害的言论。

[3] 何以:用反问的语气表示没有或不能。 异:区别,不同。 亲:父母。

[4] 以是:犹言用这、拿这。 聪明才智:指智慧和才能。

[5] 不识:不相信,不赞同。

凡人有善[1],善日长,恶亦日长[2]。古人有言曰:"树德莫如滋[3],去疾莫如尽[4]",盖以此也[5]。

注 释

[1] 凡人:所有的人。 善:此指美好的思想和行为。

[2] 恶(è):此指不好的思想和行为。

[3] 树德:立德,施行德政。 滋:滋生,生长。

[4] 去(qù):去除,除去。 疾:病,病痛。也指缺点、毛病。 尽:(去除)干净。

[5] 盖:大概,大概是。 以:因为,由于。

父母爱子之心,无所不至[1],要不外养德、养身二事[2],故守身为事亲之本[3]。则凡平日不能修身,而至于丧德[4];不能爱身,而至于伤生,真是无恻隐之心[5],非人也,无羞恶之心[6],非人也。

注 释

[1] 无所不至:犹言无微不至。极言其周到。
[2] 要:重要之处。　养德:泛指修养德行。养身:保养身体。
[3] 故:因此,所以。　守身:保持品德和节操。　事亲:侍奉父母。
[4] 丧(sàng)德:丧失德行。
[5] 恻隐:同情,怜悯。
[6] 羞恶(wù):羞耻厌恶。

治家格言

(清)朱用纯

《治家格言》是我国古代的家训名篇。它的全称《朱柏庐治家格言》,世称《朱子家训》。作者是清代学者朱用纯(字致一,号柏庐)。治家格言以"修身""齐家"为宗旨,在仅五百余字的篇幅里,以格言警句的形式和通俗流畅、富有哲理的语言,讲述了诸多为人处世、勤俭持家、诚恳待人、和睦邻里、反对见利忘义等方面的内容。问世以来,流传极广,可谓家喻户晓。清代曾以此作为蒙学课本,训诫童蒙。书中虽有因果报应、守分安命等消极思想,但可借鉴之处则是主要的。

黎明即起[1],

洒扫庭除[2],

要内外整洁;

既昏便息[3],

关锁门户[4],

必亲自检点[5]。

注 释

[1] 即起:就起床。

[2] 洒扫:先洒水在地上浥湿灰尘,然后清扫。 庭除:庭院。

[3] 既昏:天已经黑了。 息:休息。

[4] 关锁:关门上锁。

[5] 检点:查点。

一粥一饭,

当思来处不易[1];

半丝半缕,

恒念物力维艰[2]。

注 释

[1] 思:想到。 来处不易:得来的不容易。

[2] 恒念:常常考虑。 物力维艰:物产资财来之不易。

宜未雨而绸缪[1],
毋临渴而掘井[2]。

注 释

[1] 宜未雨而绸缪(móu):绸缪,紧密缠缚。这句的意思是,应该在下雨之前,就把窝巢缠捆牢固。比喻事先做好预防、准备工作。

[2] 毋临渴而掘井:不要等到口渴了的时候才去挖井。比喻平时无准备,事到临头才想办法。

这一段话告诉我们,无论做什么事情,都要事先做好准备,免得临时抱佛脚。

器具质而洁[1],

瓦缶胜金玉[2];

饮食约而精[3],

园蔬逾珍馐[4]。

注 释

[1] 器具:用具。 质:朴实。 洁:洁净。

[2] 瓦缶(fǒu):此指瓦罐陶盆之类。

金玉:此指金杯玉盏。

[3] 约:简约。 精:精细。

[4] 园蔬:园中蔬菜。 逾:超过。

珍馐(xiū):珍奇精美的食品。

祖宗虽远[1],

祭祀不可不诚[2];

子孙虽愚[3],

经书不可不读[4]。

注 释

[1] 祖宗:指祖先的神主牌位。此指故去的先人。 远:离开我们很远了。
[2] 祭祀:祀神供祖的仪式。 诚:虔诚。
[3] 愚:愚笨。
[4] 经书:指四书五经等。

刻薄成家[1],

理无久享[2];

伦常乖舛[3],

立见消亡[4]。

注 释

[1] 刻薄:冷酷无情。指不正当的手段。

成家:建立起来的家业。

[2] 理无久享:道理上不会长久。享,受用。

[3] 伦常:人与人相处的常道。即封建伦理所规定的君臣、父子、夫妇、兄弟、朋友五种关系,是不可改变的常道。

乖舛(chuǎn):违背,错乱。

[4] 立见消亡:指家业很快就会衰败。

听妇言,

乖骨肉[1],

岂是丈夫[2]?

重资财[3],

薄父母[4],

不成人子[5]。

注 释

[1] 乖:违背,不和谐。 骨肉:比喻至亲,指父母兄弟子女等亲人。

[2] 岂:难道。 丈夫:犹言大丈夫。指有所作为的人。

[3] 重资财:只重钱财。

[4] 薄父母:薄待父母。

[5] 人子:指子女。

嫁女择佳婿[1],

毋索重聘[2];

娶媳求淑女[3],

勿计厚奁[4]。

注 释

[1] 佳婿:称心的女婿。

[2] 索:索要。 重(zhòng)聘:丰厚的聘礼。

[3] 淑女:贤良美好的女子。

[4] 计:计较。 厚奁(lián):丰厚的嫁妆。

见富贵而生谄容者最可耻[1],遇贫穷而作骄态者贱莫甚[2]。

注 释

[1] 富贵:指有钱有势的人。 生:显现,显出。 谄容:谄媚的表情。
[2] 贫穷:指穷苦的人。 作:此指摆出。骄态:傲慢的姿态。 贱莫甚:没有比这更卑贱的了。即最卑贱不过了。

乖僻自是[1],

悔悟必多[2];

颓惰自甘[3],

家道难成[4]。

注释

[1] 乖僻:怪僻,反常。　自是:自以为是。

[2] 悔悟:追悔以往的过失。即懊悔。

[3] 颓惰:颓废懒惰。　自甘:心甘情愿(沦落)。

[4] 家道:家业,家境。

轻听发言[1],
安之非人之谮诉[2]?
当忍耐三思[3];
因事相争,
安之非我之不是[4]?
须平心暗想[5]。

注 释

[1] 轻听发言:轻易听信别人的话。

[2] 安之非人之谮(zèn)诉:安,怎么;谮诉,诬陷。这句是说,怎么知道不是别人的诬陷之词。

[3] 忍耐:耐住性子。 三思:再三思量。

[4] 不是:错误,过失。

[5] 平心:静下心来。 暗想:暗中想想。

人有喜庆,

不可生妒忌心[1];

人有祸患[2],

不可生喜幸心[3]。

注 释

[1]妒忌:因别人比自己好而忌恨。

[2]祸患:祸害忧患,灾难。

[3]喜幸心:欢喜庆幸的念头。

善欲人见[1],

不是真善[2];

恶恐人知[3],

便是大恶[4]。

注 释

[1] 善欲人见:做了好事总想让别人知道。

[2] 真善:真正做好事。

[3] 恶(è):坏事。 恐:恐怕,担心。

[4] 大恶(è):最大的坏事。

家门和顺,

虽饔飧不继[1],

亦有余欢[2];

国课早完[3],

即囊橐无余[4],

自得至乐[5]。

注 释

[1] 饔飧(yōng sūn)不继:吃了早饭没晚饭。形容穷困。

[2] 亦:也。 余欢:充分的欢欣,无穷无尽的欢乐。

[3] 国课:国家规定的赋税。

[4] 囊橐(tuó):口袋,袋子。

[5] 自得至乐:自己心里感到最大的快乐。